缪建平 等 编著

尝试反馈教学法：
教学转型的校本实践

CHANGSHI FANKUI JIAOXUEFA
JIAOXUE ZHUANXING DE XIAOBEN SHIJIAN

图书在版编目（CIP）数据

尝试反馈教学法：教学转型的校本实践／缪建平等编著．－－苏州：苏州大学出版社，2024.5
ISBN 978－7－5672－4799－4

Ⅰ.①尝… Ⅱ.①缪… Ⅲ.①教学法-研究 Ⅳ.
①G424.1

中国国家版本馆 CIP 数据核字（2024）第 090194 号

书　　名：	尝试反馈教学法：教学转型的校本实践
编　　著：	缪建平　等
责任编辑：	冯　云
装帧设计：	吴　钰
出版发行：	苏州大学出版社（Soochow University Press）
社　　址：	苏州市十梓街 1 号　　邮编：215006
印　　装：	苏州市越洋印刷有限公司
网　　址：	http：//www.sudapress.com
邮购热线：	0512－67480030
销售热线：	0512－67481020
开　　本：	700 mm×1 000 mm　1/16　印张：13.75　字数：240 千
版　　次：	2024 年 5 月第 1 版
印　　次：	2024 年 5 月第 1 次印刷
书　　号：	ISBN 978－7－5672－4799－4
定　　价：	48.00 元

若发现印装错误，请与本社联系调换。
服务热线：0512－67481020
苏州大学出版社邮箱　sdcbs@suda.edu.cn

编委会名单

顾　问　邱学华

主　任　朱莉珍

副主任　许琴学　沈虹霞　严铁根
　　　　丁　琳

编　委　王　慧　宋丽敏　谈彩萍
　　　　胡　军　沈　芳　刘生明
　　　　赵利芳　杨雪萍　吴建芳
　　　　许洁纯　宋敏芳　顾益峰
　　　　杨慧成　李艺静　韦爱芳
　　　　姚建清　顾小玮　许丽萍
　　　　陈利娟　毛海民

序

Preface

在教育的广袤天空中，无数的教育者如同璀璨的星辰，各自闪耀，共同创造了教育的辉煌。而今，我有幸为我的徒弟缪建平的新作《尝试反馈教学法：教学转型的校本实践》作序，感慨万分。这本书不仅是他个人多年实践与思考的结晶，也是他对教育转型的一次深刻探索。

回想起与缪建平的交往，他那份对教育的执着与热情始终感染着我。自2017年至2020年，缪建平在新疆伊犁州霍尔果斯市丝路小学担任援疆校长，致力于尝试反馈教学法的教学改革试验。在3年的时间里，他与团队共同努力，使得尝试反馈教学法在新疆伊犁州霍尔果斯市丝路小学得以全面实施，并在全市小学的集团化推进中取得了显著成效。

2020年9月，尝试反馈教学法走进了苏州工业园区跨塘实验小学。缪建平带领团队率先在数学学科中践行"尝试为先、问题导学、结构整合、高效反馈"的总体策略。这一模式的引入，不仅在数学学科中取得了显著成效，而且逐步扩展到了全学科，进行了全面的教学改革实践。从此，学生能在各学科中尝试、探索、创新，实现自我成长与突破。

在缪建平的引领下，苏州工业园区跨塘实验小学的教学改革取得了令人瞩目的成果。2021年9月，缪建平撰写的《尝试反馈课堂教学模式的实验研究》获得全国第二届小学数学教育实验研究成果特等奖，这一荣誉是对该校教学改革实践的高度认可。同时，多家官方媒体对这一成果进行了宣传报道，进一步扩大了学校的影响力。特别是《中国教育报》于2023年5月25日发布了以《与时俱进推课改 教智融合育新人——江苏省苏州工业园区跨塘实验小学"尝试反馈法"探索》为题的专题报道。这篇报道详细介绍了苏州工业园区跨塘实验小学在尝试反馈教学法教学实践中的成果与经验，为全国的教育改革提供了有益的参考。

我一再强调，教学方法的灵魂是灵活。我首创的尝试教学法有一个相

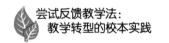

对稳定的模式体系，但要根据数学学科的具体情况灵活应用。缪建平在长期的教学实践中领悟到反馈的重要性，当学生初步尝试后，必须及时做出反馈，这样教师才能有针对性地进行讲解。缪建平把尝试和反馈有机地结合起来，并以此建立了较为完整的教学体系，这是一种创新，为发展尝试教育理论做出了贡献。

更可喜的是，在我主编的《尝试教学流派——尝试路上的开拓者》的附录中，收录了关于缪建平的"两个第一"：第一个把反馈理论与尝试教学结合起来，形成尝试反馈教学模式；第一个到新疆伊犁州霍尔果斯市丝路小学推广尝试教学法。"两个第一"是对缪建平继承尝试教学法，并形成尝试反馈教学法的高度认可与肯定。

《尝试反馈教学法：教学转型的校本实践》正是缪建平和他的团队多年实践经验的总结。从目录中，我们可以看到他对于尝试反馈教学法的孜孜探索与深入实践，该教学法全面涵盖了从课堂样态、学习样态、作业样态到评价样态、管理样态、育人样态多个方面。每一个章节都凝聚了他和团队的心血与智慧，为我们呈现了一个全面而深入的尝试反馈教学体系。

在书中，缪建平详细阐述了尝试反馈教学法的实施过程和成果。他以生动的案例、翔实的数据和深入的分析，证明了尝试反馈教学法在教学中的实际效果。这一方法不仅提高了学生的学习积极性，还培养了他们的批判性思维和创新能力。同时，他也反思了尝试反馈教学法在教学中的局限与不足，为我们进一步探索教育改革提供了宝贵的经验。

此外，缪建平还深入挖掘了尝试反馈教学法的内在机制，为我们展示了这一方法如何在实际教学中发挥作用。同时，他也强调了教师在实施尝试反馈教学法中的关键角色，以及如何通过有效的支持和指导，帮助学生更好地掌握知识和技能。

更为难能可贵的是，缪建平在书中分享了自己在实施尝试反馈教学法过程中所遇到的挑战与困难，以及如何克服这些困难的经历。这些真实的案例和经验，不仅给予了我们深刻的启示，还为我们提供了宝贵的参考和借鉴。

作为他的老师，我为缪建平的成长感到由衷的高兴。这本书不仅是他个人的成果，还是我们尝试教学法教学改革园地中一份宝贵的财富。我相信，这本书将为更多的教育者提供启示和借鉴，推动我国的教育事业不断向前发展。

最后，我要感谢缪建平对我的信任，让我有机会为他的新作写序。同时，我也期待他在未来的教育实践中能够取得更加丰硕的成果，为我国的教学改革做出更大的贡献。

邱学华

2024 年 1 月

于常州大学尝试教育科学研究院

前 言
Foreword

在深入实践、研究、思考和编写这本《尝试反馈教学法：教学转型的校本实践》时，笔者深感这本书在当下教学转型中推出的迫切性和重要性。

教学的转型不仅是学科教学方式的转变，还是为了更好地满足学生的需求和适应社会的发展。传统的学科教学方式更侧重于知识的灌输，但这种方式可能会限制学生的思维发展和创新能力的培养。随着社会的发展和进步，我们更需要的是激发学生的兴趣，鼓励他们尝试与探究，培养他们的创新思维和解决问题的能力，这一切都急切地呼唤着教学的转型。

尝试反馈教学法作为教学转型中的一种重要教学方法与策略，不仅是提升教学质量的关键，也是提高学生综合素质的重要途径。这一方法并不是一种固定的教学模式，而是一种灵活的教学策略。它允许我们在教学过程中不断尝试、摸索、反思和总结，以实现教学的持续改进和转型。通过尝试反馈教学法，我们可以及时了解学生的学习情况和需求，调整教学策略和方法，使教学更加符合学生的实际需求和个体差异。尝试反馈教学法重点突出尝试和反馈两个关键词，旨在激发学生内在的成长动力，发现学生独特的发展趋势，以期符合时代的发展要求，这也是对教学转型的积极实践。

笔者特别想提到的是，笔者与尝试反馈教学法的渊源。说起尝试反馈教学法的教学实验，笔者不能不提一个人，他就是38年来一直指引着笔者前行的导师、恩师邱学华教授。当别的老人在公园里散步，或带自己的孙辈们玩耍的时候，年近九旬的邱学华教授仍在为教育事业奔波，他在笔者任教的苏州工业园区车坊实验小学、苏州工业园区莲花学校、苏州工业园区跨塘实验小学及新疆伊犁州霍尔果斯市丝路小学做讲座、亲授课、做指导。接受培训后的某些教师十分感慨地说道："年龄这么大的老者还在努力奋斗，我们还有什么理由不尽力做好教学工作呢？"从南通市如东县到苏州工业园区，从苏州工业园区到新疆伊犁州霍尔果斯市，笔者一路践行尝试教学思想，并在此基础上提出了尝试反馈教学法，从校本的角度对教学转型进行积极的实践。

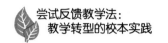
尝试反馈教学法：
教学转型的校本实践

校本实践不是给出答案，而是做出尝试。我们每个人都是活动的主体，推动尝试反馈教学法向着可应变、可增值、可赋能、可成全、可成事的方向发展。在这个过程中，尝试反馈教学法为我们提供了实用的工具和有效的途径。我们能做的只是努力把尝试反馈教学法进行拆分，形成常态化，再拆分成更小的基于各种学科和教育情境的行动指南、微型故事、操作模型。

我们不能认为，拿到一把钥匙就能开所有的锁，知道一个方法就能解决所有的问题。在现实世界里，每一个有用的方法背后都有着无比复杂的运行系统。我们不是想编一本论文集，而是想讲述一个故事，一个关于教学改革的故事；我们不是要言明一个真理，而是要提供一种思路，引导他人，通过自己的眼睛发现、觉察到自己应该做什么。

视野一经开阔，答案就得变化，方法就得升级。这本《尝试反馈教学法：教学转型的校本实践》正是以此为主题，通过课堂样态、学习样态、作业样态、评价样态、管理样态、育人样态六种样态，来深入探寻尝试反馈教学法在学校中方方面面的应用；通过简单、普遍、具体的方式让教师能够接受与践行，旨在帮助教师更好地理解和解决教育问题，提升教学质量，推动教学转型。

在书中，我们将尝试反馈教学法与教学转型紧密结合，探讨如何通过大型尝试反馈活动推广尝试反馈教学法，以及如何利用尝试反馈数据来优化教学内容。我们希望通过这些具体的实例，让读者能够深入了解尝试反馈教学法的实践应用，并从中获得启发和灵感。

尝试反馈教学法既是我们在教学过程中提升教学质量的有效方法，也是一种需要我们掌握的软技能。

软技能的内涵非常广泛，它包括一系列能够反映个人特征和行为的要素，比如观察能力、沟通能力、倾听能力、说服能力、自我激励能力、团队建设能力等。这些技能在与他人合作、表达自己、高效工作等方面都起着非常重要的作用。具体来说，软技能实际上是社交情商的心理学术语，由一系列能反映个人特征和行为的要素组成，包括一个人与他人合作的社交能力、表达自己的沟通能力、在需要时倾听他人并有效对话的能力、使用批判性思维解决问题的能力等。这些技能对于教师的职业生涯和专业成长都是十分重要的。

"法无定法""教无定法"，那么软技能能够训练和提升吗？当然可以。软技能与尝试反馈教学法在教学环境中有着密不可分的关系。尝试反馈教学法是一种教学策略，通过给予学生及时、具体的反馈，帮助他们了解自己的学习进度和对知识的掌握程度，从而培养自主学习的能力。而软技能则是在这个过程中，教师需要掌握的技能，这些技能包括如何给予学生恰当、积极的反馈，如何引导他们进行自我反思，以及如何针对不同的学生提供个性化的反馈和建议。

在具体的教学过程中，教师需要运用软技能中的沟通能力、倾听能力和说服能力等，将反馈信息清晰、准确地传达给学生。同时，教师还需要掌握批判性思维和解决问题的能力，帮助学生了解自己的问题，并找到正确的解决方法。此外，教师的自我激励能力和团队建设能力也是必不可少的，因为这些能力不仅可以让教师更好地面对困难和挑战，也可以激发学生的学习积极性和培养学生的团队合作能力。

同时，我们强调了软技能在尝试反馈教学法中的重要性。软技能不是一套用逻辑串联起来的理论系统，而是一组由无数情境碎片堆积起来的行动模型。软技能从本质上讲是硬技能的杠杆，让人的硬技能放大若干倍，进而起到撬动目标的作用。在尝试反馈教学的过程中，我们需要不断提升自己的观察能力、沟通能力、倾听能力等软技能，这些技能可以帮助教师更好地应对教学中的各种问题和挑战，引导他们更好地从不变的规律和万变的个体中把握教育的本质，从而提升教学本领，积淀教学智慧。

综上，笔者希望通过这本书，能够激发读者的灵感和热情，让他们积极参与到教学转型的实践中来。同时，笔者也期待读者能够与我们团队共同探讨、共同成长，为推动教育的进步与发展贡献一份力量。

缪建平

2024 年 1 月

于苏州工业园区跨塘实验小学豆园

目录 CONTENTS

第一章　尝试反馈教学法的概况 …………………………… 001
 一、尝试反馈教学法源于尝试教学法 …………………… 003
 二、尝试反馈教学法的内涵、价值、目标和研究指向 …… 006
 三、尝试反馈教学法的教学实践与总体策略 …………… 011
 四、尝试反馈教学法的初步成果 ………………………… 014

第二章　尝试反馈教学的课堂样态 ………………………… 021
 一、尝试反馈教学的模型建构 …………………………… 022
 二、尝试反馈各学科的教学流程建构 …………………… 026
 三、尝试反馈多学科跨界融合教学模式建构 …………… 040
 四、尝试反馈项目式学习的教学模式建构 ……………… 050

第三章　尝试反馈教学的学习样态 ………………………… 059
 一、以"学为中心"的教学追求 ………………………… 060
 二、读学：开阔学习视野 ………………………………… 068
 三、玩学：丰富学习历程 ………………………………… 072
 四、探学：促进思维进阶 ………………………………… 075
 五、写学：提升省思水平 ………………………………… 078
 六、"小先生"成长计划 ………………………………… 082

第四章　尝试反馈教学的作业样态 ………………………… 089
 一、尝试反馈学习单：创新教学的工具 ………………… 090
 二、提问卡：增强质疑问难意识 ………………………… 098
 三、错题卡：培养自我纠错能力 ………………………… 101

四、问题研究卡：赋能探究学习进阶 …………………………… 104
　　五、学思笔记：积淀学科核心素养 …………………………… 109

第五章　尝试反馈教学的评价样态 …………………………… 117
　　一、学校评价：从纵览性走向诊断性 ………………………… 119
　　二、课堂评价：从晓评价走向易评价 ………………………… 122
　　三、作业评价：从多样走向进阶 ……………………………… 128
　　四、学生评价：从多元走向一体 ……………………………… 132
　　五、教师评价：从激励走向赋能 ……………………………… 138

第六章　尝试反馈教学的管理样态 …………………………… 143
　　一、"朵朵放光彩"：育人理念和目标的厘定 ………………… 144
　　二、"七至管理"：品质管理的境界与追求 …………………… 148
　　三、"五四五五"：卓越管理的实践与探寻 …………………… 157

第七章　尝试反馈教学的育人样态 …………………………… 169
　　一、梦想教育的校本实践 ……………………………………… 170
　　二、梦想课程的嬗变赋能 ……………………………………… 174
　　三、学科育人的合作共赢 ……………………………………… 180
　　四、家校班级的育人故事 ……………………………………… 190

附录一　尝试反馈教学法教学改革大事记 …………………… 196

附录二　教学改革札记 ………………………………………… 199

后　记 …………………………………………………………… 205

第一章

尝试反馈教学法的概况

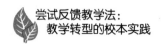

　　教学转型是当前教育领域的重要趋势,其目标是通过改变教学方式和教学手段,提升教学效果,促进学生的全面发展。

　　在当今的教育领域,一场深刻的教学转型正在酝酿和进行中。随着社会的飞速发展和科技的日新月异,传统的教学模式已经逐渐显现出其局限性,无法满足现代教育的多元化和高效需求。因此,我们必须采取果断的行动,推动教学方式的革新,以提升教学效果。

　　教学转型并非一蹴而就,而是一项涉及多个方面的系统工程。这包括教育理念的转变、教学内容的更新、教学方法的创新及教学资源的优化等。这些方面的改革需要相互协调,形成合力,以实现教学效果的最大化和最优化。

　　教师是这场教学转型的核心力量。他们不仅需要摆脱传统教学观念的束缚,而且需要掌握和运用新的教学技能和教学方法。这意味着教师需要根据学生的个性化需求和特点,灵活地进行教学设计,并有效地实施教学计划。为此,学校应承担起为教师提供专业培训和学习支持的职责,帮助教师提升自身的教学水平和应对教学转型的能力。此外,学校还应积极开展教学研究和实践工作。通过不断探索新的教学模式和教学手段,教师可以逐步形成具有自身特色的教学体系,从而持续提升教学质量。同时,学校也应为教师提供学习和交流的平台,培养他们的创新精神和实践能力。

　　当然,教学转型并不能仅靠学校的孤军奋战,还需要家长和社会的广泛参与和支持。家长作为孩子的第一任教育者,在孩子的成长和发展中发挥着不可替代的作用。家长需要与教师保持密切的沟通和合作,关注孩子的学习状况和需求,为孩子提供良好的教育和成长的家庭环境。同时,社会各界也应给予教育领域更多的关注和支持,为学校提供更丰富的教学资源和更广阔的发展空间。

　　总之,教学转型是一项长期而艰巨的任务,需要学校、教师、家长和社会的共同努力和配合。只有通过不断探索和实践,我们才能找到一条适合国情、校情和学情的教学转型之路。这不仅有助于提升教学效果和促进学生的全面发展，还有助于对未来教育发展的积极探索。我们相信，在各方的共同努力下，我们能够实现教学转型的目标，培养出更多具备创新精神和实践能力的优秀人才，为社会的繁荣和发展注入新的活力。

一、尝试反馈教学法源于尝试教学法

（一）尝试教学法的发展

捷克著名教育家夸美纽斯曾说过，要寻找一种教学方法，使得教员因此可以少教，但是学生可以多学；使得学校因此可以减少无益的劳苦，增加有益的欢乐。

尝试教学思想在我国有着悠久的历史。在2 000多年前，孔子便指出："不愤不启，不悱不发。举一隅不以三隅反，则不复也。"其中"不愤不启"，即先愤后启；"不悱不发"，即先悱后发。这与先学后教的理念相近，都是主张在学生有了一定的思考后，教师再有针对性地引导、启发学生和讲解问题，从而将学生的学习引向深入。孟子是我国鼓励尝试的教育家，强调将尝试、自学、自得作为教学过程的一部分。朱熹、陶行知、胡适、叶圣陶等大学者也都重视自主尝试。叶圣陶系统论述了尝试教学思想，认为培养学生良好学习习惯的关键在于让学生尝试。很明显，我国尝试教学思想的历史十分悠久，它深深地植根于我国教育传统和文化血脉之中，与我国教育教学高度契合。

邱学华教授是我国著名教育家，毕生致力于尝试教学的理论研究与实践探索。其主张将学生的"练"置于教师的"讲"之前，并给予学生充分的信任与尝试的机会，由此提出了"先练后讲"的尝试教学法。尝试教学法对培养学生的自主学习能力和创新精神都具有重要意义。1980年，邱学华教授为弥补传统教学法的不足，开始实施尝试教学法，历经40多年，受到不同层次学生的欢迎。尝试教学法是一种以学习者为主体，通过主体的不断尝试，主动获取知识，形成能力，发展潜力，并满足学习者自身发展需要的教学理念。尝试教学法强调学习者的主体作用，认为如果没有学习者就无法构成学习活动，明确尝试在学习活动中的重要作用。其所倡导的教学理念与目前新课程改革的理念一致。

尝试教学法的核心是"学生能尝试，尝试能成功，成功能创新"。在尝试教学中，有指导的尝试、适宜的教学程序，可以引导学生一步步走向成

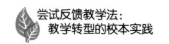

功。在这个过程中,当学生取得成功时,能够产生积极的情感,使学习成为其自立、自为、自律的行为。这为课堂教学科学化提供科学依据,创造更多可能,从而提高学生学习的有效性,促进学生高效学习。

尝试教学法以其操作简便、效果显著得到了广大教师的认可,在全国10多个省、市开展教学实践研究,参与教师约20万人,试用班级约90万个,受教学生3 000多万人,设立实验基地1 800多个,成立研究分会100多个。2014年9月,尝试教学法获得基础教育国家级教学成果奖一等奖,充分证明了尝试教育理论符合教育改革的大方向。2021年7月,邱学华教授受邀参加第14届国际数学教育大会,并做了题为"尝试教学法的产生和发展"的专题报告,让尝试教学法又一次走上国际舞台。

从已有的各类文献来看,尝试教学法已经被广大一线教师在实践教学中运用,并取得了一定的成效。尝试教学法已经成为各个学科和学习阶段普遍推广与应用的教学方法,而且已经延伸到教育以外的行业。

(二) 尝试反馈教学法的兴起

40年基础教育的研究与实践表明,学生是教育的主体,我们要把握教育的本质,开展深度学习的研究与实践,让课程教学改革走向更深处。

我们根据邱学华教授尝试教学法的教学理念进行创新,提出了尝试反馈教学法。尝试反馈教学法是先在前期学习的基础上激发学生尝试与探索,以问题驱动的方式,鼓励学生自学;然后教师根据学生需求开展靶向式引导,进而在尝试与反馈的双向互动中,形成以生为本、以探究式学习为主的现代新型教学方式。尝试反馈教学法是以尝试教育理论为指南,遵循"请不要告诉我,让我先试一试"的尝试教育核心理念,做到"先试后导、先练后讲",坚持"扶放有度、重放轻扶",坚信"学生能尝试,尝试能成功,成功能创新",培养学生的尝试精神、探索精神和创新精神的一种具有创造性的教学方法。学生在教师的引领下,通过主动尝试、质疑问难、自我反省,全身心参与有意义的、主题性的学习,在有限的学习时间内,主动吸收新的思想和新的知识,并把学习的原始信息不断优化,转变为头脑中个性化的自我认知结构,进而将所学知识移入新的情景,展开分析,寻找联系,探究新问题,生成新能力,形成新素养。

这种教学方法使得教师还课堂于学生,教师作为课堂的主导,学生成为课堂的主体。教师根据学生已有的知识提出问题,学生带着问题,可以通过看书尝试解决,而对于不能独立解决的问题,则可以通过讨论解决,从而达到掌握知识的目的。

从 2017 年到 2020 年，笔者在新疆伊犁州霍尔果斯市丝路小学担任援疆校长。2018 年 9 月，新疆伊犁州霍尔果斯市丝路小学获得授牌，尝试反馈教学法得以在该校全面推行。在 3 年的教学改革实践中，学校、教师、学生都收获满满。2020 年 9 月，尝试反馈教学法走进苏州工业园区跨塘实验小学（以下简称"跨塘实小"），该校率先在数学学科践行"尝试为先、问题导学、结构整合、高效反馈"的总体策略。此后，教学改革的学科门类从此前的单一数学学科扩展到全学科。2021 年 1 月，通过语文、数学、英语等各个教研组的申报、答辩，学校共有 21 项子课题立项，尝试反馈教学在全学科铺开式推进。

尝试反馈教学法运用技术支撑，整体分为"前学、研学、延学"三大环节。"前学"即课前引申，要求在课前发放尝试反馈学习单，引导学生进行自主学习，努力培养学生的探索能力和创新精神。"研学"，即课中研究，以问题为抓手，以"四学""四导"为路径，引导学生在课堂上研究学习方法与策略，提高学习效率。"延学"，即课后延伸，通过布置课后学习任务，引导学生运用所学知识解决实际问题，将课堂学习延伸到课外，拓展学习空间，巩固学习成果。

"三卡一笔记"是尝试反馈教学法的作业样态。聚焦"双新"[①] 背景下核心素养导向的教学实践研究，首要任务就是作业改革。如何让作业活起来、动起来、丰富起来，让孩子爱起来、乐起来、研究起来，是我们一直思考的命题。自 2020 年起，跨塘实小个性作业"三卡一笔记"（提问卡、错题卡、问题研究卡和学思笔记）应运而生，"三卡一笔记"旨在帮助学生提升学习力、思考力、研究力。

课堂观察评价表是尝试反馈教学法的评价样态。为了更好地监控课堂教学实效，真正实现教、学、评一体化，体现"适合的教与学"相关理念，尝试反馈教学法以新课程标准（以下简称"新课标"）为指向，以教智融合为背景，借助苏州工业园区"易加教育"APP，围绕课题"教智融合背景下尝试反馈教学促进深度学习的实践研究"，全体教师一同参与了跨塘实小"教智融合·尝试反馈·深度学习"课堂观察评价表的设计，并在实践中不断改进与完善教学方法。

---

① 双新：指新课程和新教材。它是教育系统内一项全面改革措施，涉及新课程方案、新课程标准、新教学方式和评价机制等方面。

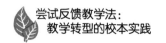

总之，从尝试教学法走向尝试反馈教学法，我们进一步发展了邱学华教授的教学思想，通过校本化实践，努力让各样态各具特色，精进发展。邱学华教授指出，在未来发展中尝试教学要与发展学生的核心素养、落实国家"双减"政策、构建新时代中国特色社会主义教育理论体系等时代要求紧密结合，为我国教育教学的理论发展与实践创新贡献新力量。

二、尝试反馈教学法的内涵、价值、目标和研究指向

（一）尝试反馈教学法的内涵

尝试反馈教学法以尝试教学法为指导，突出尝试与反馈两个关键词，教师科学引导，学生大胆尝试、自学课本、动手动脑、交流总结、反思提升。这种教学法，突出尝试这一关键词，就是要求全体教师在教学过程中，给学生以足够的时间去尝试、去探索，增强学生的学习兴趣，提升其学习效率，让他们尝试动手，尝试成功，学有所得。

尝试的内容既包括一般活动，又包括教学活动。其中，尝试教学活动具有三个特点：一是学生通过活动达到教学大纲所规定的教学目标，活动目的非常明确；二是学生在活动过程中有教师的指导，这是一种具有指导性的尝试；三是学生主要解决的是教师根据教学内容所提出的问题，学生解决问题的过程既是一种探索活动，也是一种创新活动。

反馈是系统与环境相互作用的一种形式。在系统与环境相互作用的过程中，系统的输出成为输入的部分，反过来作用于系统本身，从而影响系统的输出。根据反馈对输出产生影响的性质，可分为正反馈和负反馈。前者增强系统的输出，后者减弱系统的输出。以人体的反射活动为例，当刺激（输入）作用于感受器之后，兴奋沿传入神经传递给大脑中枢，再沿传出神经控制效应器的活动（输出）；效应器的活动情况又作为刺激信息（输入）返回作用于感受器，进而通过大脑中枢的调节影响效应器的活动（输出）。教师可以利用反馈，将学习结果及时提供给学生，可增强反应效果。

所以说，尝试反馈教学法有利于促进课堂转型与教学变革，有利于突显学生的主体地位，该教学法是新时代、新课标背景下仍然具有强大生命力的教学之法。

2022年11月，缪建平校长收到邱学华教授写给跨塘实小的信，信中对

跨塘实小尝试反馈教学法的课堂改革实践予以高度评价:"缪校长,贵校的教学研究水平有了提升。课堂坚持'两手抓',一手抓尝试练习,一手抓当堂检测。"这段文字,既是对尝试(尝试练习)、反馈(当堂检测)实践的重要指点,也是对跨塘实小持之以恒地推行尝试反馈教学法的温暖激励与殷切期望,鼓足了大家对教学改革的信心。

(二)尝试反馈教学法的价值

学生在学习过程中,并不是盲目或简单地探索,而是在教师、教材和同学的指导、启示和帮助下,基于他们已有的知识体系和能力,逐步、系统地掌握新的知识和构建新的学习体系,从而实现知识的积累和取得更大的进步。尝试反馈教学法以唯物主义认识论为哲学基础,坚持辩证看待问题的方法论,正确处理实践与认识、教与学、智力因素与非智力因素等关系。它强调学生对问题的探索和尝试,把教学看作认识与实践相结合、教与学相统一的活动,让学生经历从实践到认识,再从认识到实践的多次反复的过程。在课堂教学过程中,通过创设情境和引导发现等途径,鼓励学生进行大胆尝试。

尝试反馈教学法将学生从机械、被动的教学方式中解放出来,使学习不再是单纯的知识灌输与死记硬背的过程,而是学生为解决问题而进行的自主尝试、主动探索的过程。因此,当学生在尝试学习的过程中遇到难题,他们会选择与同学进行交流、与教师进行对话。他们通过合作交流、主动参与、体验成功等途径去发现和解决问题。这样一种学生与学生、教师与学生之间不断互动的教学模式,不仅突出了学生作为教学主体的地位,还增强了学生在自主学习、实践探究和人际交往方面的能力,从而促使学生在动机、兴趣及情感态度和意志品质方面都发生了显著的变化。

我们的教学改革应思考教学的意义,进而用尝试反馈教学法去建构自己的课堂,加强对自我的管理,努力成就美好的人生。

(三)尝试反馈教学法的目标

尝试反馈教学法是以促进学生学习为目的,在具体操作中需要针对具体的情况采取相应的矫正措施,从而提升学生的自主学习能力,其中,反馈是核心,矫正是关键。

在教学中,首先,教师以素质教育为导向,培养学生的自主意识和自学能力,提升学生的学习兴趣。教师采用尝试反馈教学法让学生发挥主动

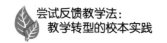

意识，自己动手，总结经验。同时，教师也需要给学生提供反馈环境，指导学生进行反馈训练，如：在课堂上不能只让部分学生回答问题，还应该让其他学生回答问题；在课后，可以让学生自己批改作业或互相批改作业；借助集体活动，鼓励学生对社会上或者身边的人和事进行讨论并提出自己的想法。其次，教师借助具体的事件，采用尝试反馈教学法，提升教学效率。比如在平时的活动或者其他场合中，教师可以对表现较好的学生进行表扬，这样可以激发学生的表现欲，使其在学习上也取得一定的进步。

随着时代的发展，围绕提升学生素养的核心目标，教师在尝试反馈教学理念下积极推进学生学习力提升的课堂改革与实践研究，竭力构建基于教智融合背景下的尝试反馈教学助力学生高效学习的课堂范式，促进师生"个性学、智慧教、精准管、科学测、智能评"。具体可以从以下三个方面来理解。

1. 自主探究

自主探究意味着在教师开始授课之前，学生能够勇敢地进行尝试，并在遇到难题时，主动自学教材，尝试独立解决问题。自主探究既体现新课程改革下对学生学习的重视和要求，又符合新课程倡导的自主、合作、探究式学习的理念。换句话说，尝试反馈教学法是将学生从被动的倾听者转变为主动的学习者，同时也鼓励学生通过独立的实践、主动的思考和积极的探索来解决过去的问题、发现新的问题，并不断地吸收新的知识。自主探究能使学生获得广泛的经验，发展他们的各种技能，增强他们的创新意识和创新能力。

实施尝试反馈教学法的核心目标是培养学生的探究精神和终身学习的能力。以教材为载体，激发学生的探索欲，注重发挥学生的主体作用。在教学过程中，教师不再直接将知识传授给学生，学生也不再被动接受知识，而是根据教师设计的试题自主进行练习。在教师的指导下，学生再次尝试，整个过程突出了学生的主体地位和自主精神。学生在学习的过程中，学会求知、学会做事、学会共处、学会共同发展。当学生遇到问题时，他们会主动寻找解决方案，这正是他们创造性思维的体现。学生在尝试时实际上是在进行自我探索。相较于单纯地接受知识，尝试学习不只是侧重于学习成果，更注重学生主动探究学习过程。它强调学生需要经历积极思考和主动探索的阶段，这样才能真正实现知识的内化、能力的增强和创新精神的培养等目标。

2. 以学生为中心

在教学实践中，教育应当以所有学生为中心，确保每名学生都能达到学习的基本目标。这也体现了我们始终坚持的教学尝试的初衷。"学生能尝试"的理念并不是针对特定的学生群体，而是基于"每个人都有可能成为有才华的人"这一核心观点，这意味着我们相信每一名学生都具备尝试的能力，并且我们相信，通过这种尝试，每名学生都能实现能力的进一步提升。此外，在教育过程中，我们不能忽视个体之间的差异。采用"先练后讲"的教学方法能有效地激发学生的学习积极性，并使教师更容易识别出学生在学习过程中可能遇到的问题，从而能更有针对性地进行教学。

当教师选择信任并鼓励学习困难的学生尝试新事物时，他们也能够形成思考的能力，并对学习保持持续的热情和兴趣。这恰恰体现了"请不要告诉我，让我先试一试"这一尝试教育核心理念。在教学尝试中，我们始终遵循以学生为中心和面向所有学生的原则，这样做有助于促进所有学生的全面发展。

3. 关注合作

尝试反馈教学法强调的尝试是集体行为，而不是个体行为。随着时代的进步，我们需要学会团队合作。在探索性的教学过程中，学生通过讨论和协商，互相支持和启发，共同努力，解决问题，以实现他们之间的优势互补和共同进步。

此外，在教学尝试中，培养创新思维也需要团队合作。在解决问题的过程中，学生通过各自的分工和合作，在互相讨论和表达观点的同时，也促进了思维的碰撞和灵感的产生，这不仅有助于汇聚集体的智慧，还有助于培养团队的创新精神。只有当学生在一个充满合作和讨论的环境中持续探索，他们才能汇聚智慧，激发创新精神，进一步加强交流互动，唤起情感共鸣，并真切地感受到探索的乐趣和价值。

（四）尝试反馈教学法的研究指向

全学科推行尝试反馈教学法，以课堂教学为阵地，以学科课程为依托，转变师生理念，进行尝试反馈教学方式和教学策略的实践，让课堂教学回归本真，让教学真实发生，在充满活力的课堂上，关注学生情感，发展学生的学科核心素养，实现从"教学生一课"到"教学生一生"的转变，努力传授学生一生受用的、关键的、重要的知识和技能，培养学生自主学习能力、良好的思维品质、较强的创新意识和实践探究能力等。

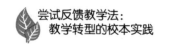

运用尝试反馈教学理论,在各学科研究尝试反馈教学法的教学模式,提升教师解读和分析教材的能力,使其具备驾驭尝试反馈课堂的能力;提升学生分析问题和解决问题的能力,以问题为导向,激发学生的思维力、理解力和探究力;提升学生的学科核心素养,使其成为既具有独立性、批判性、创造性,又具有合作精神、扎实基础的优秀学习者。为此,我们从以下几个方面进行了系统的探索与研究。

1. 尝试反馈教学法课堂范式的实践研究

围绕"尝试为先、问题导学、结构整合、高效反馈"的总体策略,倡导"课堂教学四格言"①,努力践行"先试后导、先练后讲;尝试为先、问题导学;先试后教、当堂评讲"的教学主张,指导和帮助学生进行高效的学习,完善学科体系,培养学科思维,依据各学科特点,创建可操作性强、具有较高推广价值的"尝试反馈七步走"教学流程和模式。

2. 尝试反馈教学法的指导策略和学习策略研究

教师通过尝试反馈教学法,鼓励学生自我尝试,激发学生的探知欲;充分了解不同学生的学习差异,明确学生存在困惑的知识点;注重学生最近发展区②内的教学,最大限度地让学生将已有的知识水平和潜在的学习水平相结合,让课堂成为思维能力提升的桥梁;整合教学内容,将学科知识与高阶思维、积极情感与实际体验相融合,寻找高效课堂的生长点;建构多维度情境,安排进阶学习活动,将知识迁移到实际运用中,营造新的学习氛围,将课堂深度进行延展,形成持续性学习的良性循环。

3. 利用"小先生"成长计划对学生学习行为的评价研究

通过制订"小先生"成长计划,设计成长方案,制作各学科的"小先生"讲学评价量表,更好地促进学生学习,更好地激发学生的自信,更好地挖掘学生的潜力。教师关注和研究学生的学习状态、学习品质、学习效果的评价指标,依托大数据技术,实现更精准的评价,采用持续性评价,唤起学生的元认知,并贯穿整个学习过程。注重评价方式的多样化,将分析性评价(表述性言语评价)、即时性评价(课堂实时评价)、表现性评价(实践调研、实验探究、实物作品、主题汇报等评价)相结合,不断为学生

---

① 学生能做的,教师不做;学生会学的,教师不教;学生进一步,教师退一步;学生问教师,教师去问学生。

② 最近发展区:苏联教育家维果茨基提出的概念。他认为,最近发展区是指学习者个体独立解决问题所体现的发展水平与通过指导或与更有能力的同伴协作所体现的潜在发展之间存在的距离。

的高效学习评价反馈发挥激励和促进作用。

三、尝试反馈教学法的教学实践与总体策略

尝试反馈教学法是教师先在课前引申的基础上鼓励学生尝试,以问题为驱动,鼓励学生自学,然后根据学习需要开展靶向式引导,进而在尝试与反馈的双向互动中,形成以生为本、探究式学习为主的现代新型教学方式。下面具体来说尝试反馈教学法的教学实践与总体策略。

(一) 尝试反馈教学法的教学实践

1. 教学格言 1.0 版

孔子曾说"吾日三省吾身",但在尝试反馈教学法的课堂上则要"吾日四省吾身",我们也称之为"课堂教学四格言"。

第一,学生能做的,教师不做。它要求我们首先要弄清楚哪些是学生能做的,哪些是学生不能做的。如果是学生能做的,教师绝对不要大包大揽,因为教师包揽得越多,学生锻炼的机会就越少。

第二,学生会学的,教师不教。这句话看似简单,但要做到并不容易。因为一些教师并不能准确地把握哪些知识是学生会学的,哪些知识是学生不会学的。

第三,学生进一步,教师退一步。在课堂上,如果遇到学生对某一问题的学习兴趣较高,这时教师要做的就是退到后台,做一个"隐形人",让学生充分地发挥自己的学习潜能。

第四,学生问教师,教师去问学生。这是在提醒教师,当面对学生提问时,不要急于给出答案,而是要学会装糊涂,把问题推给其他学生来解决。只有当其他学生也无法解决问题时,教师才"现身"进行必要的指导。

教学改革的过程总是曲折的。有些教师在践行"课堂教学四格言"时"过头"了!"过头"的明显表现是有些教师怕被指责而没有充分发挥学生的主体作用,既不敢进行指导,也不敢主导教学进程。分析其原因,就是有些教师对课堂的扶与放的尺度把握不准,不知什么时候扶、什么时候放,不知该扶多少、放多少。

由此,我们有必要把上面的"课堂教学四格言"反过来思考与实践。那就是学生不会做,教师引导做;学生不会学,教师引导学;学生退一步,教师进一步;学生不问教师,教师要问学生。

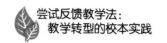

我们先来看前两句。如果学生不会做，教师应该耐心地引导学生找到解决问题的方法。教师可以给予一些提示，帮助学生打开思路，找到解决问题的方法。如果学生不会学，教师应该注重启发方式，引导学生掌握学习思路和方法。教师可以引导学生发现自己在学习方法上存在的问题，帮助他们找到适合自己的学习方法。

我们再来看后两句。学生学习的进与退与引导学生发问其实都是发生在课堂的交流互动环节。当学生不问教师问题时，教师就要引导学生去提问；当学生实在不愿意问教师问题时，教师要主动向学生提问。

学生回答问题之后，又该由谁先来评价呢？应该是由其他学生来评价，即"他评"。除了"他评"，我们还要"他人评"，"他人评"是我们的首创。"他评"具体是什么意思呢？就是在交流中，一名学生回答完问题了，教师不急着去点评，而是"装糊涂"说："这是什么意思呢？我好像没有听懂，有人听懂了吗？""是这样吗？""对不对呢？""有没有其他答案呢？"以此来激励其他学生对该名学生的回答进行补充或评价。"他人评"则更进一步，是对他人的评价进行再评价，教师可以这样启发学生："刚才这位同学对那位同学的评价怎么样呢？""他的评点水平如何？""如果由你来评价，你该如何评价呢？"等等。

在课堂交流互动环节，我们越来越感受到课堂讨论要"三交"，即交往、交流、交融。这三者之间是有层次、有顺序的，先要交往，然后才有观点的交流和思维的碰撞，最后才是更深入的交融。

子曰："见贤思齐焉，见不贤而内自省也。"如果每位教师真正坚持"吾日四省吾身"，有效引领学生加强深度学习与形成高阶思维。那么，我们相信他们的课堂教学一定会达到一个更加理想的教学境界。

2. 教学格言 2.0 版

在教学实践中，教师总结了尝试反馈教学法教学格言 2.0 版，又称"新四句"，即"尝着有味了，试着有感了，讨论就懂了，反馈就精了"。"新四句"表达了通过尝试、实践、讨论和反馈，学生能深化理解和提升技能，体现了体验式学习、实践性探索、互动性研讨、反思性改进的核心价值。"新四句"在实际教学过程中的运用与成效，揭示了有效增强学生主动学习意识的新路径。

首先，"尝着有味了"强调的是学生在学习过程中要勇于尝试。尝试既是开启知识宝库的钥匙，也是培养学生创新精神的基石。学生在尝试过程中可以体会到学习的乐趣，从而能够更深入地探索知识。教师应当鼓励学生勇于尝试，让他们在尝试中收获成功和失败，并以此为基础，逐步提升自己的学习能力。

其次，"试着有感了"强调的是学生在尝试过程中要善于感悟。感悟既是理解知识的关键，也是培养学生综合素质的途径。学生在尝试的过程中，要学会思考、总结，从而发现问题的本质。教师要引导学生学会感悟，让他们在尝试中不断增强自己的思维能力和判断力。

接着，"讨论就懂了"强调的是学生在学习过程中要开展互动讨论。讨论既是检验学生对知识理解程度的有效手段，也是培养学生团队合作精神的良好途径。通过讨论，学生可以取长补短，相互借鉴，从而加深对知识的理解。教师要组织好课堂讨论，引导学生在讨论中积极发言，提升他们的表达能力和沟通技巧。

最后，"反馈就精了"强调的是学生在学习过程中要不断进行反馈。反馈是学生自我调整、自我提升的重要环节。学生在学习过程中要及时发现自己的不足，并根据反馈调整学习方法，不断提升学习效率。教师要关注学生的反馈，给予他们有针对性的指导，帮助他们找到适合自己的学习方法。

总之，尝试反馈教学法教学格言2.0版为学生提供了一种科学、高效的学习策略。学生要在尝试中感悟，在讨论中提高，不断反馈，不断进步。教师要善于引导、组织，为学生的成长创造良好的学习环境。只有这样，我们才能培养学生的核心素养，为其未来的发展做好准备。

(二) 尝试反馈教学法的总体策略

尝试反馈教学法的课堂抓手是"十六字"总体策略，即"尝试为先、问题导学、结构整合、高效反馈"。

所谓"尝试为先"，就是在课堂教学中，遵循"请不要告诉我，让我先试一试"的尝试教育核心理念，做到"先试后导、先练后讲"，坚持"扶放有度、重放轻扶"，坚信"学生能尝试，尝试能成功，成功能创新"，培养学生的尝试精神、探索精神和创新精神。同时，还要做到"六先"：我先读，我先讲，我先试，我先练，我先用，我先问。

所谓"问题导学"，就是以"问题"引导学生，以"问题"促进学生学习。"问题导学"以"问题"为抓手，以"思维"为核心，以教师"引导"为主线，以学生"问学"为主体，在学习探究过程中运用逻辑思维去解决问题。我们提出了"四学"（读学、玩学、探学、写学）和"四导"

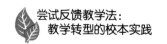

（导趣、导疑、导思、导法）。

所谓"结构整合"，就是要树立"大教学"观，做到教材结构（教学内容）、教学架构（教学流程）、认知建构这"三构"和谐共存。以学生的"学"、学生的"问"、学生的"做"作为教学设计的起点，努力整合、优化各类教学资源，从而为学生搭建良好的认知结构体系。

所谓"高效反馈"，就是要做到"四个当堂"，即当堂练习实践、当堂交流反馈、当堂修改订正、当堂解决问题。只有做到"四个当堂"，才能真正实现教向学的转变，实现高效的课堂教学。"高效反馈"需要"课后四学"：学讲（小老师）、学说（小演说家）、学画（小画家）、学写（小作家）。"高效反馈"的辅助手段有"三个一"：一笔（一支红笔）、一本（一个纠错本）、一箱（一个装有知识精华摘录、锦囊佳句等的"百宝箱"）。

总之，"尝试为先"强调"有趣"，"问题导学"强调"有疑"，"结构整合"强调"有料"，"高效反馈"强调"有果"。

四、尝试反馈教学法的初步成果

跨塘实小自2020年起全学科推行尝试反馈教学法的项目研究成果，努力呈现尝试反馈的课堂样态、"四学并进"的学习样态、尝试反馈学习单与"三卡一笔记"的作业样态、"多元多样"的评价样态。

（一）课堂样态

尝试反馈教学法整体分为"前学、研学、延学"三大环节。

"前学"，指课前引申，要求在课前发放尝试反馈学习单，引导学生尝试先读、先讲、先试、先练、先用、先问，引导学生进行自主学习，让学生努力发扬尝试、探索和创新精神。

"研学"，指课中研究，主要以"四学""四导"为路径策略。"四学"指读学、玩学、探学、写学。读学关注学生的阅读与积累，实现其对知识的融会贯通；玩学鼓励学生在玩中学、学中玩、玩中探，培育其持久的学习兴趣；探学创设有效问题情境，激发学生的内驱力，让学生去发现、提出、分析与解决问题，促进知识深化；写学引导学生学会多元思考，提高其反思、归纳水平和书面表达能力。"四导"指导趣、导疑、导思、导法，教师通过激发兴趣、解答疑惑、引导思辨，进而改善学生的学习方法与策略。

"延学"，指课后延伸，要完成"四个当堂"和"课后四学"。"四个当堂"指当堂练习实践、当堂交流反馈、当堂修改订正、当堂解决问题；"课后四学"指课后学生扮演小老师、小演说家、小画家、小作家的角色，学讲、学说、学画、学写，形成高效反馈机制。

为了更好地创建尝试课堂，各学科教师开发、融合并设计、推广了符合自身学科特色的尝试课堂教学流程，采用先严格执行，再灵活变通的策略，促进学生从"被动学"走向"愿意学"，最终形成"有梦想、善学习、增本领"的学生样态。各学科教学流程（教学模式）如图1-1所示。

（二）学习样态

读学、玩学、探学、写学这"四学"既是学生的学习样态，也是其学习路径。其中，读学注重阅读与积累，玩学注重游戏与感悟，探学注重探究与创新，写学注重思考与表达。

读学、玩学、探学、写学四者相辅相连，以读学促积累，以玩学促兴趣，以探学促研究，以写学促思考，激发学生学习兴趣，促进学生深入探究，展现学生学习能力，引导学生进行多维探究式学习。在实践中，以"自主、知行"为动力，以"联结"为纽带，以"素养、创新"为旨归。

读学，就是让学生学会读书，读课外书，在读书中学习。阅读是一个人获取知识最为便捷的途径之一。针对读学，教师要以书本阅读为基础，确保学生掌握适合自己的阅读技巧，让学生主动阅读课本、课外书、教辅书，在自主学习的过程中实现举一反三。教师可以为学生提供优质的读物，让学生掌握阅读的自主权和主动权，养成良好的阅读习惯，在阅读的海洋中自由遨游，推进深度学习。

玩学，要求教师着眼于学生爱玩游戏的天性，积极调整教育教学思路，鼓励学生在玩中学、学中玩，避免学生对学习产生畏难情绪，确保学生学得有滋有味。如果课堂仅仅是以知识的讲解为主，那么许多学生难以产生对学习的兴趣，从而对学习缺乏探究精神，无法支撑其在学习的道路上更上一层楼。而且在教材中，有部分内容必须让学生看到具体的操作方法，才能让学生更好地理解所学的知识。所以，开展玩学活动是非常必要的。很多学生可以通过玩学主动参与其中，高效完成学习任务，真正意识到学习的乐趣。这也充分彰显了寓教于乐的教育教学理念。

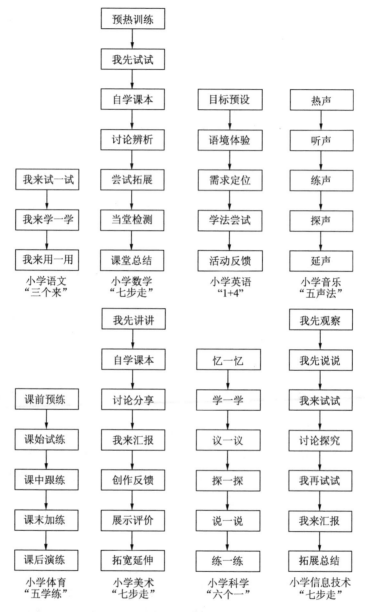

图1-1 各学科教学流程（教学模式）

探学，就是学生深入学习必须具备的能力。探究源于问题，没有问题就没有探究。读学、玩学活动能够激发学生对学习的兴趣，但是想真正提升能力，探究活动是必不可少的。探究活动是学生对"为什么"进行探索的过程，而不仅仅是产生"为什么"的想法。探学要求教师了解学生的自主探究能力和意识,让学生自主探究问题的根源。问题情境的创设非常关键,很多学生的学习意愿和学习动机离不开一定的情境刺激,只有在问题情境中,学生才能产生由内而外的学习动力。教师可以激发学生提出问题的意愿和兴趣,让学生对相关问题进行分析和研究,在不断追问的过程中深化个人的理解,真正实现知识内化,主动寻求全新的答案和知识。另外,教师还需要辅助学生自主理解问题,帮助学生高效解决问题,提升学生反思问题的能力,确保学生实现举一反三。

写学,就是以写助学,以写促学。对于学生而言,知识学习不仅仅是输入,还关乎输出。教师需要注重培养学生写的能力,引导学生不仅仅要掌握知识,还要能再次输出知识,更要注重提升交流与表达能力。教师可以在一个单元结束之后督促学生开展"读后感""学后感"活动,以思维导图的形式回顾一个单元的学习内容,注重总结和提升,如此才能温故而知新。学生可以通过单元评价,反思自己在这个单元的得失,更加详细地通过写学活动记录下自己一段时间内的成果和困惑,同时在记录的过程中做好总结工作。

总之,读学、玩学、探学、写学四者相辅相成。在浸润式的读学中明识,在游戏式的玩学中明则,在研讨式的探学中践识,在叙述式的写学中创识。以读学促积累,以玩学促兴趣,以探学促研究,以写学促思考,不断帮助学生激发兴趣,展现创意,开展多维度探究式学习。

(三)作业样态

尝试反馈教学就是要关注学生的学习力、思考力、研究力。而聚焦"双新"背景下核心素养导向的教学实践研究,首要任务就是作业改革。如何让作业"活"起来、丰富起来,让学生爱起来、研究起来,是我们一直思考的命题。自2020年起,跨塘实小个性作业"三卡一笔记"(提问卡、错题卡、问题研究卡、学思笔记)应运而生。

提问卡致力于学生问题意识的培养。爱因斯坦说过,提出一个问题比解决一个问题更重要。在实际操作过程中,教师提前印发提问卡,学生先结合当天的学习内容提出自己的疑问,然后通过学习、研究解决疑问或者提出更多的疑问。在此过程中,教师主要做的就是鼓励学生多提问,从不同角度提问,提有价值的问题。提问卡可以在课前、课中、课后等多个场景中使用。

错题卡引导学生集合典型错题,发现其学习中的薄弱之处,并针对问题开展跟进式巩固训练，更新认知，掌握技能。纠错既是一种能力，也是一种习惯。一张小小的错题卡集原理、创新、评价于一体，既包括典型错题的整理和解答，也有错因分析和同类题的创编，还有再学记录和自我评价，等等。当然，在操作的过程中，我们还引导学生利用错题卡开展"扑克"游戏，玩转错题，最大限度地发挥错题卡的作用。

问题研究卡引导学生结合在学习和生活中发现的问题开展主题性、拓展性研究，并把研究的设想、研究的过程、研究的成果及提出的新问题等有条理地记录下来，以此提升学生发现问题、研究问题、解决问题的能力。问题研究卡可在单学科、多学科、项目式学习等场景中使用。

学思笔记引导学生在课堂学习与自主学习过程中，将所获、所得、所悟及时记录下来，培养学生的元认知能力和自学习惯。学思笔记实行全学科贯通，把各学科的学习与研究、反思与总结汇集在一起，这样可以实现学习策略、学习方法与思维方式的一体化，真正达到"博学之，审问之，慎思之，明辨之，笃行之"（《礼记·中庸》）的理想境界。

"三卡一笔记"个性作业的全科推进，彰显了学习的魅力，拓宽了学习的界限，提升了学习的效率，让学生在学习的过程中成就"慧学、慧思、慧创"的品质。

（四）评价样态

跨塘实小在评价改革和评价样态的建构中，十分注重评价平台的信息性、评价维度的多元性、评价主体的互动性、评价方法的过程性，从晓评价体系，到根据苏州工业园区"易加学院""易加综素"等平台进行多方位、多维度的评价；通过课堂观察维度的设计，采用更加细致的有效评价；通过教师评价、生生之间评价、家长评价等，实现评价的互动性；通过教学监测、尝试反馈学习单的反馈，及时了解教学情况，真正促进师生核心素养的提升。

此外，跨塘实小还以新课标为指向，借助苏州工业园区"易加教育"APP，围绕课题"教智融合背景下尝试反馈教学促进深度学习的实践研究"，制定了"教智融合·尝试反馈·深度学习"课堂观察评价表。

该课堂观察评价表以"适合的教与学"为核心，以教师与学生为观察对象，以教师的教学目标与策略、学生的学习状态与实效为重要考察点，以此来促进教师反思自身课堂，不断构建教智融合背景下"生本化""自主开放"的尝试反馈教学模式。

可以说，尝试反馈教学法是教学转型的应然之选。尝试反馈教学法是一种重要的教学方法，它鼓励学生通过尝试来学习和成长。这种教学方法强调了反馈在学生学习过程中的重要性，帮助学生了解他们的进步情况和需要改进的地方。通过尝试反馈教学法，学生可以更好地了解自己的学习过程，发现自己的优点和不足，并采取有效的措施来提升自己的学习效果。

但同时尝试反馈教学法并不是一种万能的教学方法。教师需要根据具体的教学情境和学生的需求选择合适的教学方法。在实施尝试反馈教学法时，教师需要注意学生的参与度和积极性，以及他们的学习风格和特点。同时，教师需要提供足够的支持和资源，帮助学生克服困难和迎接挑战。

总之，尝试反馈教学法的实行有其必然性，因为它有助于培养学生的自主学习能力和终身学习习惯。然而，教师需要根据具体的教学情境和学生的需求选择合适的教学方法，并注意满足学生对资源的需求，以帮助学生获得更好的学习效果。

第二章

尝试反馈教学的课堂样态

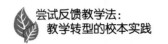

　　课堂样态是指课堂中教师与学生的行为和互动方式，以及课堂氛围和情境的总体表现。具体来说，课堂样态包括教师的教学行为、学生的学习行为、师生之间的互动方式及课堂氛围等因素，这些因素相互影响，共同构成了课堂样态。

　　在尝试反馈教学的课堂样态中，教师需要转变传统的教学方式，不再是单纯的知识传授者，而是学生学习的引导者和合作者，注重学生的自主学习和合作学习的结合。同时，在这种课堂上，学生不再是被动地接受知识，而是成为知识的探索者和创造者，通过积极参与课堂活动，发挥自己的想象力和创造力，实现知识的整合和创新。

　　尝试反馈教学理念的引领也促进了课堂样态的变化。首先，课堂真正体现了学生的自主性，让学生在自主学习的体验中获得知识，增强能力。其次，尝试反馈教学的课堂更关注知识从"点"到"线"，从自主学习前的学有所感，到课堂学习中的学有所获，再到课后学习中的学有所悟。在自主学习过程中，学生学习的空间不再囿于课堂，而是延伸至课外；学习的学科不再囿于单科的学习，而是学生可以结合自身的思维指向进行跨学科的融合式、项目式学习。从"是什么""为什么"到"还是怎样的"，形成一条体现自主学习能力的智慧之路，从而不断增强学生对学习的信心。

　　总之，尝试反馈教学的课堂样态是一种以学生为主体、以教师为引导的充满活力和创造力的教学方式。在这种课堂中，师生之间的互动和交流更加积极和频繁，学生能够更好地发挥自己的想象力和创造力，实现知识的整合和创新。同时，教师也能够更好地了解学生的学习需求和表现，及时调整教学策略和方法，提升教学效果和质量。

一、尝试反馈教学的模型建构

（一）教学模型 1.0 版

　　尝试反馈教学倡导同伴之间的互助互学，营造"合作、开放、高效"

的尝试反馈教学氛围,建构"自主探究式学习"的生本教学样态,着力搭建"教智融合背景下尝试反馈教学促进深度学习的实践研究"的"尝试教·深度学"教学模型 1.0 版(图 2-1)。

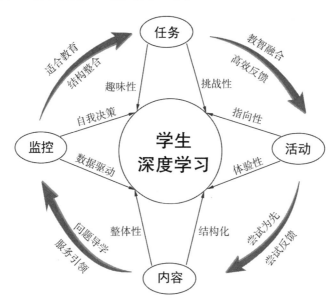

图 2-1 "尝试教·深度学"教学模型 1.0 版

从图 2-1 可以看出,该教学模型旨在以学生"深度学习"为指向,以课堂教学为阵地,通过内容(整体性、结构化)、活动(指向性、体验性)、任务(趣味性、挑战性)、监控(自我决策、数据驱动)四个彼此关联的重要环节,在课堂教学总体策略(尝试为先、问题导学、结构整合、高效反馈)及教学改革背景总体方案(适合教育、教智融合、尝试反馈、服务引领)的相互作用下,以大数据为支撑,线上、线下融合学习,教智融合,尝试反馈,让课堂回归本真,让教学真实发生,进而创建充满活力的"生命课堂"。

因此,尝试反馈教学法是教学转型的重要选择,它有助于培养学生的自主学习能力和终身学习习惯。在不断变化的教育环境中,教师需要适应新的教学方法和技术,以帮助学生更好地应对未来的挑战。尝试反馈教学法是一种灵活的教学方法,适用于不同的学科,帮助教师实现个性化教学,满足学生的不同需求。该教学法要求教师不断关注学生的学习情感与学习策略,进而发展学生的学习素养,实现从"教学生一课"到"教学生一生"的转变,努力培养学生一生受用的自主学习能力、良好思维习惯、较强创新意识和实践能力。

（二）教学模型2.0版

长期以来，在应试教育模式的影响下，课堂普遍存在由教师主导、学生被动接受的现象，具体表现为重知识灌输而轻能力培养，重分数排名而轻素质全面发展，导致学生缺乏自主学习能力，学习负担随之加重。为了改变这一局面，我们认为必须更新教学方法，转而以培养学生自主学习能力为核心的教学模式，让学生从"学会"向"会学"转变，实现教育由单一的应试教育转向全面的素质教育。

针对学习素质，我们可以初步将其界定为：在教师的指导下，学生通过能动的、自主的、创造性的学习活动，在学习主体内部形成的、善于学习的综合能力。它不是知识的堆砌和量的累积，而是学生的主体侧面（认知、动机、兴趣、意识、主体性等）和他的客体侧面（客体化的教育教学内容）相互作用，通过主体的不断体验，逐步积累而形成的。

学生的学习素质是一个综合体，既有认知心理系统——感觉、知觉、记忆、思维、智力、能力等，又有情意系统——动机、态度、兴趣、情感、意志、性格等，其基本要素主要分为以下四个方面：

第一，学习的心理素质，包括学习态度和学习动机。这是学习的内在动力与前提。

第二，学习的基础学力，包括学习要求的相应知识和经验储备。这是学习的基础。

第三，学习的智力品质，包括观察力、注意力、想象力、记忆力、思考力等。这既是学习素质的重要组成部分，也是发展的潜在要素。

第四，学习的方法策略，包括掌握学科学习的特点与规律，独立地选择学习的步骤与方式，具有良好的学习习惯，策略性地学习。这是学习的重要因素。

相对于学生的"学会学习"，教师需要"学会指导"。其中，"指"，即"指示、指令、指点、指引"；"导"，即"导趣"——激发动机、引发兴趣，"导向"——指示目标、引导方向，"导疑"——激起疑问、引发思考，"导法"——指导方法、授以策略。

在以学生"学会学习"为中心的课堂教学中，教与学和谐互动，人与环境交互影响，以产生教学共振，从而达到增强教学效果、培养学生良好学习素质的目的。

这种教学模式以教师、学生、师生为研究对象,以"科学指导、自主学习、积极建构"为研究策略,积极打造"现代型"教师和"现代型"学生。由此,尝试反馈教学法教学理论模型2.0版(图2-2)应运而生。

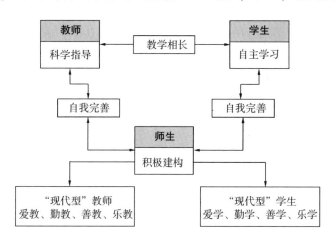

图2-2 尝试反馈教学法教学理论模型2.0版

在这种教学模式中,教师的角色不再仅仅是讲授者,还是学生自主学习的指导者和支持者,其"指"与"导"体现在激发学生学习兴趣、明确学生学习目标、引导学生解决问题的方法和策略上。在课堂上,教与学互动,和谐共生,旨在产生共振效应,有效提升教学质量,并切实培养学生良好的学习习惯。因此,教师需要具备如下"现代型"教学素质。

第一,爱教。教师深感教育事业的重要性和责任感,热爱教育工作,有崇高的职业道德和社会责任感。

第二,勤教。教师不断钻研教育理论和学科知识,了解学生特点,采用先进的教学手段,公平对待每一名学生,认真完成教学任务。

第三,善教。教师树立以开发学生潜能、促进学生全面发展为核心的教育观,尊重学生主体地位,创设有利于学生主动学习、学会学习的条件和环境,不断提升自身的沟通、管理及研究能力。

第四,乐教。教师将教书育人视为一种精神追求和快乐源泉,始终保持热情与活力,以专业智慧演绎教育艺术,享受教育和教学的过程。

与之对应的是,学生要科学有效地进行自主学习,需要具备如下"现代型"学习素质。

第一,爱学。学生拥有明确的学习目的、浓厚的兴趣、持久的学习动力,积极主动地投入学习。

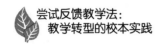

第二，勤学。学生具备良好的学习习惯，掌握多元化的学习方法，能够广泛收集信息，并运用多种方式获取知识。

第三，善学。学生能制订个性化的学习计划，选择合理的方法，进行自我评价，善于运用所学知识解决实际问题。

第四，乐学。学生视学习为一种精神享受，保持乐观向上的心态，体验学习的乐趣和成就感。

尝试反馈教学法教学理论模型2.0版既评估了教师的教学效能，又关注了学生的学习发展。它倡导以学生为主体、以教师为主导，利用尝试反馈教学法等新型教学方法，促进师生共同成长，最终实现素质教育的目标，使每名学生都能够在轻松愉悦且富有成效的学习环境中茁壮成长。

二、尝试反馈各学科的教学流程建构

教学流程就是教学过程，是指教师把知识和技能传授给学生，以及其在完成教学任务中的工作状态和过程。它是由相互依存的教和学两个方面构成的。其内部发展动力是教师布置的学习任务与学生完成这些学习任务的需要及其实际水平之间的矛盾。中国古代教育家提出的"博学之，审问之，慎思之，明辨之，笃行之"是对学习过程进行概括的纲领。

尝试反馈教学在建构整体教学模型的基础上，为更好地创建尝试课堂，各学科教师开发、融合并设计、推广了符合自身学科特色的尝试课堂教学流程，采用先严格执行，再灵活变通的策略，促进学生从"被动学"转变为"愿意学"，最终形成"有梦想、善学习、增本领"的学生样态。

（一）尝试反馈各学科教学流程

1. 小学语文"三个来"

学校尝试反馈语文教学主要包括三大模块、三大流程（图2-3）。三大模块，即"课前引学、课中探学、课后延学"。三大流程主要通过设计尝试反馈学习单，开发"我来试一试、我来学一学、我来用一用"三个步骤；采用任务驱动，倡导"以单导学、伙伴共学"的形式，借助苏州工业园区"易加学院"中的"前学微课"来完成尝试任务，利用"共学微课"来完成提升任务，运用"延学微课"来完成迁移运用任务；紧抓"前学反馈，把握学习起点；主题探学，突破学习重难点；迁移运用，提升核心素养生长点"三大板块，精准定位教学目标，精确研究教学内容，精心设计教学活动，提升学生发现问题和解决问题的能力。

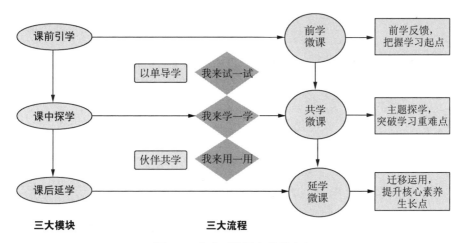

图 2-3 尝试反馈语文教学流程

具体而言，下面重点阐述三个步骤。

(1) 第一步："我来试一试"（5 分钟）。

在课前通过微课与前学任务单引领的基础上，利用"我来试一试"中的测评题，对学生的前学效果进行检测。测评题中前几题属于基础题，学生自主阅读后就能完成。最后一题为提升题，也叫障碍题，我们一般会设计一个梯度较高、对课文内容理解有统领性的问题，特意为学生的前学制造障碍，让学生在学习上遇到困难，且急于去解决时，激发学生的学习兴趣，让学习在学生身上真正发生。

(2) 第二步："我来学一学"（10 分钟）。

"我来学一学"主要针对学生在"我来试一试"中呈现的问题和本课教学的重点，设计 3~4 个难度螺旋递增的主题阅读活动，通过任务驱动，引领学生走进文本、理解文本。学生完成了这几个任务之后，再重新审视"我来试一试"中的障碍题，通过伙伴共学解决难题，并利用"小先生讲语文"微视频等方式呈现学习成果，获得学习自信。

学习是一个学习者不断超越自我的过程，从"我来试一试"到"我来学一学"，学生从单一的被动学习者，转变为多元的知识讲授者，以此来提升自身的学习积极性，增强成就感。另外，学生将"小先生讲语文"微视频上传至苏州工业园区"易加学院"平台后，可以随时随地调取观看，也可以实现伙伴之间的互助共享，让学习跨越时空限制。

(3) 第三步："我来用一用"（10分钟）。

"我来用一用"主要针对本课学习的知识或技能的迁移运用，达到"举一反三、举三反一"的目的。当然在迁移运用的过程中，如果学生遇到困难，教师还可以适时地、点对点地给学生推送苏州工业园区"易加学院"平台中的"共学微课"，帮助学生提升学习效率。

从"我来试一试"到"我来学一学"，再到"我来用一用"，形成从本我，向自我，再向超我进化的过程，实现"学以致用"和"用以致学"的完美融合。

2. 小学数学"七步走"

小学数学"七步走"教学流程（图2-4）是把全国著名教育家邱学华教授倡导的尝试教学法的"六段五步"进行了简化，把一堂课变成了七个重要步骤，即预热训练、我先试试、自学课本、讨论辨析、尝试拓展、当堂检测、课堂总结。为了方便教师记住各阶段的大致时间，我们可根据每一步所花费的时间把小学数学"七步走"说成"5-3-7-7-6-9-3"，这样朗朗上口，便于牢记。下面分步阐述。

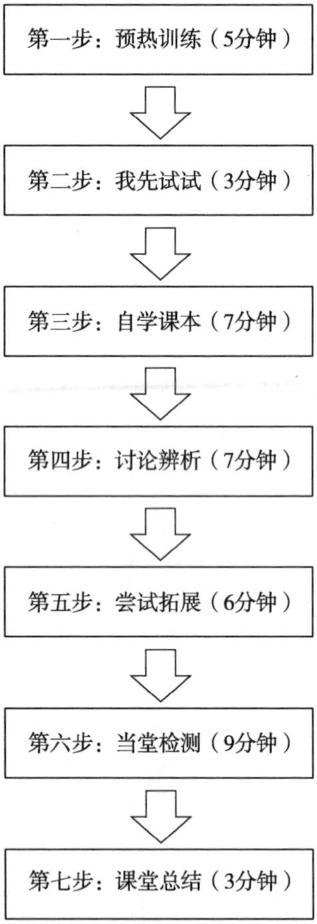

(1) 第一步：预热训练（5分钟）。

预热训练，即基本训练。这里强调旧知识与本课新知识的关联性，教师要对其进行优先考虑，为新知识的牢固掌握预设需要的"锚桩"，进而便于知识的正向迁移。

(2) 第二步：我先试试（3分钟）。

"我先试试"，即导入新课与出示尝试题。充分体现"请不要告诉我，让我先试一试"的尝试教育核心理念。

(3) 第三步：自学课本（7分钟）。

自学课本，要求学生在自学课本的同时，进行尝试练习，知道自己哪些学会了，哪些还不会；同时，学生把自学中的疑难问题想清楚，再记下来，以便在讨论和辨析中提出来。

第一步：预热训练（5分钟）
↓
第二步：我先试试（3分钟）
↓
第三步：自学课本（7分钟）
↓
第四步：讨论辨析（7分钟）
↓
第五步：尝试拓展（6分钟）
↓
第六步：当堂检测（9分钟）
↓
第七步：课堂总结（3分钟）

图2-4 小学数学"七步走"教学流程

(4) 第四步：讨论辨析（7分钟）。

讨论辨析，即将学生讨论和教师讲解相结合。这二者是密不可分的，往往是讨论中有引导，讨论中有讲解，讨论中有辨析，师生在对话中进行思维的碰撞，把握知识的本质，进而走向对知识的深度理解与深度学习。

(5) 第五步：尝试拓展（6分钟）。

尝试拓展，即在原来初步尝试的基础上，加大一些难度，再次进行尝试。教师通过变式练习（变换条件、变换问题、变换内容、变换形式、变换位置、变换叙述方式、变换思路等），以便让学生更好地理解和掌握新知识。

(6) 第六步：当堂检测（9分钟）。

当堂检测，要求教师在课尾留出时间，安排学生去做其事先设计好的检测题（每道题要有分值，满分100分，还可再加1~2道加分题），以便检验学生掌握新知识的情况。此外，当堂检测还要求"四个当堂"，即当堂练习实践、当堂交流反馈、当堂修改订正、当堂解决问题，以便全面了解学生对新知识的掌握程度。

(7) 第七步：课堂总结（3分钟）。

教师将整堂课的教学内容进行概括、深化，并针对教学内容、学生特点和思维结构进行有针对性的总结，其总结的内容要做到言简意赅，具有鲜明的概括性，以便帮助学生总结重点，加强记忆，巩固知识。

3. 小学英语"1+4"

小学英语"1+4"教学流程（图2-5）的"1"指目标预设，"4"指语境体验、需求定位、学法尝试、活动反馈四个步骤。下面分步阐述。

(1) 第一步：目标预设（1分钟）。

课前，教师以备课组为单位，认真研读教材内容，做好教材分析与学情分析，预设单元学习序列目标和课时学习达成目标。

(2) 第二步：语境体验（5分钟）。

教师要围绕单元主题背景与课时学习内容，创设合理的语言学习环境，让学生在更接近生活的语境中

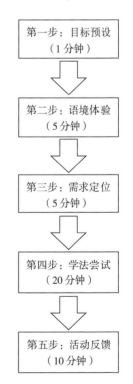

图2-5 小学英语"1+4"教学流程

体验英语学习，促进学生对于学习目标的整体理解。

（3）第三步：需求定位（5分钟）。

教师要在教材与学情分析的基础上，结合学生的提问卡了解学生对于知识点的掌握情况和存在的问题，充分了解学生的学习需求，确立学时重难点，精心设计学习任务和活动。

（4）第四步：学法尝试（20分钟）。

教师结合尝试反馈学习单的制作，围绕课时教学目标，开展尝试反馈教学，让学生在尝试反馈学习单的引导下，通过"尝试—感悟—理解—实践"等形式开展主动学习活动。

（5）第五步：活动反馈（10分钟）。

教师通过设计有针对性的语言活动来反馈学生在课堂上学习成果的达成情况，以此来检验目标预设的科学性和课堂教学的有效性，为之后教学计划的调整提供依据。

4. 小学音乐"五声法"

小学音乐"五声法"教学流程（图2-6）包括热声、听声、练声、探声、延声五步。下面分步阐述。

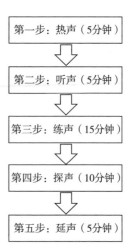

图2-6 小学音乐"五声法"教学流程

（1）第一步：热声（5分钟）。

教师将旧知识（前学歌曲、乐曲或练声曲）作为唤醒声音的媒介，引导学生进入本课情境之中。

（2）第二步：听声（5分钟）。

初听音乐，教师邀请学生根据音乐要素自由发表对音乐的理解，学生通过小组讨论、互动问答等形式，初步分析音乐要素。教师在此环节只起引导作用。

（3）第三步：练声（15分钟）。

教师让学生带着对音乐的初步认知进行聆听学唱，学生通过观察教师的讲解和示范，进行自我纠正和声音调整。同时，学生在不断自主练习中，逐步掌握本课重难点。

（4）第四步：探声（10分钟）。

学生通过自学、辨析、练习，明确探究中要解决的问题，再次进行自主尝试练习；通过讨论、提示等方式，自主探究音乐的表现方式。

（5）第五步：延声（5分钟）。

在夯实本课内容后，教师分享相关的延伸内容，并请学生自主说一说关于本课的感想；教师通过问题研究卡等分享自己的拓展内容，培养学生的审美能力，实现"音乐生活化""音乐普遍化"的素养目标。

音乐学科要坚持以美育人、以美润心，引领学生在健康向上的课程实践中感知、体验与理解艺术。小学音乐"五声法"教学正是以培养能感受美、欣赏美、表现美、创造美的学生为目标的课堂教学。

5. 小学体育"五学练"

小学体育"五学练"教学流程（图2-7）包括课前预练、课始试练、课中跟练、课末加练、课后演练五个步骤。下面分步阐述。

（1）第一步：课前预练（30分钟）。

教师让学生课前在苏州工业园区"易加学院"平台上提前针对接下来要学习的技能项目，根据自己的理解和认知来练习，以此激发学习和锻炼的兴趣。

（2）第二步：课始试练（10分钟）。

教师要求学生在自学自练的时候，能分辨自己哪些做得标准，哪些做得不标准；同时要求学生把自学中的疑难问题先想清楚，再记录下来。

（3）第三步：课中跟练（15分钟）。

教师让学生聆听和观察教师的讲解和示范，带着自己的尝试和创新进入本堂课中，针对自己的发展方向规划正确的路线，进而不断走向对知识的深度理解与深度学习。

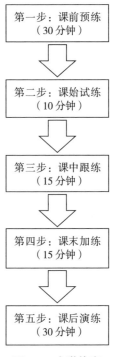

图2-7 小学体育"五学练"教学流程

（4）第四步：课末加练（15分钟）。

学生通过自学和辨析，明确探究中要解决的问题，进行自主尝试练习。有了正确的思维和认知，加以量的巩固，学生才能进行更好的练习和取得更好的学习效果。

（5）第五步：课后演练（30分钟）。

通过自我的尝试研究和正确的价值引导，不仅让学生掌握学练技能，也让学生获得更多的运动满足感，培养学生对体育锻炼的兴趣。

小学体育"五学练"教学流程并不是一成不变的，而是根据学练项目与学生的年龄特点进行全方位的尝试学练、预学试练、自主学练，从而为学生的身体发育打下良好的基础。

6. 小学美术"七步走"

小学美术"七步走"教学流程（图2-8）包括我先讲讲、自学课本、讨论分享、我来汇报、创作反馈、展示评价、拓展延伸这七步。为了方便教师记住各阶段的大致时间，我们把小学美术"七步走"说成"2-5-3-5-18-5-2"，这样朗朗上口，便于牢记。下面分步阐述。

（1）第一步：我先讲讲（2分钟）。

这一步把邱学华教授在尝试教学法中倡导的核心思想"请不要告诉我，让我先试一试"充分地体现了出来，学生先讲一讲对新知识的掌握情况，这样有助于激发他们的学习兴趣。

（2）第二步：自学课本（5分钟）。

教师要求学生在自学苏州工业园区"易加学院"平台上的内容后，尝试自学课本，知道自己哪些学会了，哪些还不会；同时，学生把自学中的疑难问题想清楚，再记下来，以便在讨论和辨析中提出来。

（3）第三步：讨论分享（3分钟）。

讨论分享是将学生的讨论和教师的讲解相结合。这二者是密不可分的，往往是讨论中有引导，讨论中有讲解，讨论中有辨析，师生在对话中进行思维的碰撞与知识本质的辨析，进而不断走向对知识的深度理解与深度学习。

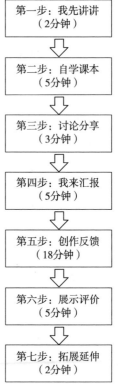

图2-8 小学美术"七步走"教学流程

（4）第四步：我来汇报（5分钟）。

美术并没有标准的答案，每一名学生对作品的理解都是不一样的。学生通过探究后得到的结果、新产生的疑问与大家分享和讨论，将知识进行内化和统一，是对其探究过程的一个重要反馈。

（5）第五步：创作反馈（18分钟）。

美术的课堂创作是对当天所学知识的一个重要反馈，从中可以培养学生的创新能力和创作能力，同时让学生对新知识有更深刻的理解和更好的掌握。

（6）第六步：展示评价（5分钟）。

教师通过学生作品汇报，检查学生作品完成情况，同时，要求学生进行自评、互评等，以便全面了解学生对新知识的掌握程度。

(7) 第七步：拓展延伸（2分钟）。

教师应根据学生的学习情况，引导学生将整堂课所学的知识进行回顾、梳理与归纳。教师可以通过询问学生"这堂课学到了什么？""印象最深的是什么？""有什么收获？""还有什么疑问？"等进行引导，适时要求学生把归纳总结的要点写下来。

小学美术"七步走"教学流程并不是一成不变的，而是根据课型与学生的年龄特点进行灵活变通，但"先学后教、当堂反馈"，强调以"学为中心、教为服务"的课堂宗旨是不变的。只有这样，才能真正培养学生一生受用的艺术核心素养。

7. 小学科学"六个一"

小学科学"六个一"教学流程（图2-9）包括忆一忆、学一学、议一议、探一探、说一说、练一练六个步骤。为了方便教师记住各阶段的大致时间，我们把小学科学"六个一"说成"3-4-5-16-7-5"，这样朗朗上口，便于牢记。下面分步阐述。

(1) 第一步：忆一忆（3分钟）。

学生回顾前面学过的相关知识，增强对学习新知识的兴趣。

(2) 第二步：学一学（4分钟）。

教师引导学生自主学习教材内容，让他们初步了解所学的知识。在学生自学课本前，教师向学生提出问题，让学生带着问题在书本中找答案。

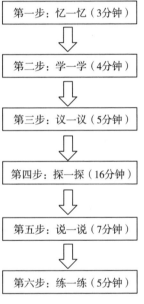

图2-9 小学科学"六个一"教学流程

(3) 第三步：议一议（5分钟）。

教师通过讲解课堂内容，引导学生之间相互讨论，并给予学生自主讨论的空间，满足不同学生的学习需求，加快学生将知识内化的进程，从而增强学生自主学习的能力，提升教学的质量。

(4) 第四步：探一探（16分钟）。

学生通过自学和辨析，明确在探究中要解决的问题，进行自主尝试探究。科学活动不能流于表面，而要亲历探究的过程，加深对知识的理解和对活动过程的感悟。科学学习最重要的环节之一就是课堂探究，所以探究时间也相对比较充裕。

(5) 第五步：说一说（7分钟）。

学生通过探究后得到的结果、新产生的疑问与大家分享和讨论，将知识进行内化和统一，是对其探究过程的一个重要反馈。教师借机将本课的重点知识进行回顾、梳理与归纳。

(6) 第六步：练一练（5分钟）。

这一步就是开展当堂检测。当堂检测，要求教师在课末留出时间，安排学生去做其事先设计好的检测题，以便检验学生掌握新知识的情况。之后，教师针对学生存在的问题进行反馈与强调。

8. 小学信息技术"七步走"

小学信息技术"七步走"教学流程（图2-10）包括我先观察、我先说说、我来试试、讨论探究、我再试试、我来汇报、拓展总结七个重要的步骤。为了方便教师记住各阶段的大致时间，我们把小学信息技术"七步走"说成"3-5-8-5-10-5-4"，这样朗朗上口，便于牢记。下面分步阐述。

(1) 第一步：我先观察（3分钟）。

我先观察，即导入观察。这里要强调将本课新知识与生活相联系，为牢固掌握新知识联系实际，创设情境。

(2) 第二步：我先说说（5分钟）。

这一步把邱学华教授在尝试教学法中倡导的尝试教育核心理念"请不要告诉我，让我先试一试"充分地体现了出来。学生要完成任务，需要先分析任务，再进行尝试。

(3) 第三步：我来试试（8分钟）。

这一步要求学生在自学苏州工业园区"易加学院"平台上的内容后，尝试练习，并通过自评的方式，检查与评定自己的学习质量和学习效果，从而为自己后续的学习制定学习目标与规划学习内容。

(4) 第四步：讨论探究（5分钟）。

教师引导学生以小组为单位组成学习小组，充分发挥学习小组的作用，让每名学生充分展现自己的独特见解，在思维的碰

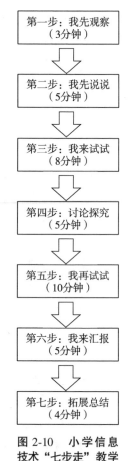

图2-10 小学信息技术"七步走"教学流程

撞中，使他们的才能得到施展，使他们的天性得到充分发挥。这样不仅有利于学生之间合作关系的建立，也有利于生成新的教学形态。

(5) 第五步：我再试试（10分钟）。

教师让学生在原来初步尝试的基础上，加大一些难度，再次进行尝试，以便让学生对新知识的本质属性有深刻的理解和更好的掌握。

(6) 第六步：我来汇报（5分钟）。

学生以自己感兴趣的方式对自己的作品进行汇报。教师组织学生之间进行互评，让学生交流和探讨学习经验，并根据学生的作品和汇报进行点评。

(7) 第七步：拓展总结（4分钟）。

教师根据学生的不同水平提出具有挑战性的问题，鼓励学生自主思考，让学生尝试采用不同的学习方式，收集相关资料，完成学习任务。这样既拓展了学生的知识面，又提高了学生解决问题的能力。

(二) 尝试反馈各学科教学案例呈现

尝试反馈教学法是一种重要的教学方法，它鼓励学生通过尝试来学习和成长。这种教学方法不仅有助于培养学生的自主学习能力和终身学习的习惯，还有助于增强教师的教学效果和学生的学习效果。下面，我们将介绍部分学科的尝试反馈教学案例，以便更好地展示这种教学方法在不同学科中的实践应用和效果。

案例一　小学语文《北京的春节》

《北京的春节》是部编版小学语文六年级下册中的一篇课文，教学目标除识字学词，体会老舍的"京味儿"语言特色之外，还要感受不同时代、不同地域的春节习俗（尤其是北京春节的习俗）。更为重要的是，教师要引导学生了解课文的表达顺序，为单元习作做好准备。

(1) 第一环节："我来试一试"。

师：课前，同学们根据尝试反馈学习单的"课前引学"部分，观看了有关介绍北京春节习俗的视频等。我们先来试一试，看看同学们的预习和掌握情况。学生自主完成尝试反馈学习单中"我来试一试"中的内容，包括"拼写字词""体会'京味儿'语言"，讨论如何填写"课文内容详略安排表"。

学生上台交流易错字词及自己感受到的"京味儿"语言的相关魅力。

（2）第二环节："我来学一学"。

师：老师发现不少同学对于"如何详略有序地写北京的春节"这个问题意见不一，让我们先聚焦一个点——"除夕"，请同桌之间互相讨论，填写好"我来学一学"部分的第一个任务，即完成"除夕真热闹"思维导图。

学生交流"除夕真热闹"思维导图，之后以小组为单位合作完成前面讨论的难点"课文内容详略安排表"，并交流详略安排的好处。

（3）第三环节："我来用一用"。

师：学习了《北京的春节》课文中详略得当的结构安排，那我们也来尝试着用一用。

学生当堂阅读尝试反馈学习单中"我来用一用"部分里斯好的《除夕》，对比老舍的《北京的春节》，感受二者之间的相同之处与不同之处，填写并交流相关的内容。

师：大家学完《北京的春节》，还对春节的哪些习俗感兴趣？

学生交流，诸如"中国各民族有哪些春节的习俗？""其他作家描写春节的习俗的代表作有哪些？""当前的中国春节的习俗与以前的有什么不同？"等话题。

在这堂课中，学生在充分预学的基础上，尝试自主交流和反馈预学成果，对于不理解、产生歧义的地方由教师进行引导。在交流和探讨中，明晰文章主旨，感受文章独特的写法，进而迁移运用，深入开展个性化的自主拓展学习。

（王岩，跨塘实小）

案例二 小学数学"解决问题的策略"

"请不要告诉我，让我先试一试""遇到问题怎么办？数学书里找答案！"走进跨塘实小的数学课堂，你会在不经意间听到这样的口号。原来，尝试反馈教学课堂改革正在这所百年老校中悄然推行……

学生既是学习的主体，也是学习的主人，这个理念虽然提倡多年，在课堂上也一直努力推行着，却始终难以改变"教师讲，学生听；教师问，学生答"的状况。冰心说过："大同的世界，原是从无数的尝试和奋斗中来的！"在苏州工业园区推出的发展主题"适合教育创新年"的背景下，学校一直在寻求教与学的变革，而尝试反馈教学改革则是最好的应答。

正所谓，"思路一变天地宽"。"先试后导、先练后讲"，学生在课堂的主体地位得到充分彰显，他们在获取知识的同时，还发展了思维，培养了能力。

这是一堂小学六年级的数学课"解决问题的策略"。在学生自学课本后，教师组织学生讨论辨析，让学生充分表达自己的所思、所想、所困。一名学生说："我觉得这道题难在无法知晓大杯、小杯的容量，相当于有两个未知量。"另一名学生附和道："是的，如果能把两个未知量变成一个未知量，那这道题就简单多了。"虽然我们不知道大杯、小杯的容量，但小杯和大杯的容量之间是存在关系的，我们可以根据大杯、小杯的容量之间的关系，假设将溶液全部倒入大杯中，或者假设将溶液全部倒入小杯中；而条件中说"小杯的容量是大杯的1/3"，也就是说大杯的容量是小杯的3倍，1个大杯可以看作3个小杯，所以6个小杯可以看作2个大杯……你看，这样的课堂生机勃勃，学生兴趣盎然，学习得以真实地发生，真正成为学生自己的事情。

"学生会做的，教师不做；学生会学的，教师不教；学生进一步，教师退一步；学生问教师，教师去问学生"，这是跨塘实小尝试反馈教学的"课堂教学四格言"。教师"吾日四省吾身"，在课堂上组织学生先行尝试、自学课本、讨论辨析，通过生疑、解疑、释疑的循环过程，在生生之间的讨论辨析与相互作用中，对知识进行初筛选、再加工、精处理。学生通过主动活动去体会知识的生成，把握知识的本质，在教师的引导下，学生的学习潜能得以最大限度地发挥。

尝试是人的一种行为、一种精神，更是一种挑战。我们走在"十四五"开局的当口，唯有教师愿变革，学生才能当主人、敢尝试、有创新，最终方能收获成功。

（沈芳，跨塘实小）

案例三 小学英语"Unit 3 It has a short tail"

在教学牛津译林版小学英语二年级上册"Unit 3 It has a short tail"一课的 Story time 部分的内容时，教师让学生通过小学英语"1+4"教学流程：目标预设、语境体验、需求定位、学法指导、活动反馈，从学会转向会学，收获学习的快乐。

（1）目标预设，明确学习方向。

教师利用 PPT 向学生呈现学习目标：① 能听懂、会说、会读、会使用句型"Look at the ... It has a ..."。② 能听懂、会说、认读单词 bear、giraffe、monkey、tiger、long、short、has、tail、neck。③ 能理解课文中 Story time 部分的内容。

(2) 语境体验，提升语言能力。

教师创设 Liu Tao 和父母去动物园的语境，通过引导学生观察 Story time 部分的最后一幅图，问 Liu Tao 还能说什么。教师运用动物的图片，引导学生说出"It has a long tail"，从而进一步提升学生在语境中的语言运用能力。

(3) 需求定位，增强教学实效。

教师结合特色作业，让学生在课前画一画、写一写自己喜欢的宠物或玩具，并在 My lovely pet 部分进行介绍。在学生展示的过程中，教师逐渐了解学生在知识上的薄弱点，从而更好地调整教学内容和教学方法。

(4) 学法指导，培养自学能力。

在教授单词 long 时，教师利用游戏环节"I say, you say"，通过学生学过的单词 short 引出新单词 long。在教授新单词 long 的发音时，教师通过自然拼读的方式，引导学生通过自己学过的单词 song 引出新单词 long 的发音。在教师的引导下，学生总结出了新单词 long 的发音规律和含义，学会了自然拼读等学习方法。

(5) 活动反馈，提升教学质量。

在本堂课开始时，教师结合尝试反馈学习单让学生运用句型"I have a ... It's ... It's ..."介绍 My lovely pet 部分。新课讲授后，教师在课堂后半段引导学生把新学的内容放在 My lovely pet 部分的介绍中，让学生能够在原有的介绍宠物玩具的基础上掌握新学的句型。

学生在学习目标的引领下，在语境中提升了学习语言能力，形成了英语对话的学习情境，再加上学法指导与练习反馈的巩固，自然而然地促进了英语素养的提升。

(赵颖，跨塘实小)

案例四 小学科学"各种各样的天气"

在教科版小学科学二年级上册第五课"各种各样的天气"中，让学生通过尝试反馈教学法，给学生足够的时间去尝试、去探索，激发学生的学习兴趣，提升学生的学习效率，把系统学习知识和培养创新品质有机地结合起来。本课教学共分为以下六个环节。

(1) 忆一忆：说说我们知道的天气。

学生回忆并交流生活中见过的天气，将思维聚焦于常见的天气。教师根据学生的回答，继而着重讲授晴天、多云、阴天、小雨、大雪的天气特点。在整个过程中，教师给予学生充分的思考、表达的时间，同时注意培养学生倾听的能力。

(2) 学一学：了解天气状况有哪些。

学生通过观察、讨论、了解规范的气候现象表述语，了解人们通常关心的天气有哪些。

(3) 议一议：我们如何区分天气。

学生通过案例一中一天之内公园的天气变化情况，讨论晴天、多云、阴天的天气是如何通过天空中云量的不同来区分的。学生讨论案例二中的四幅图片，根据图中直接或间接的信息，学会判断阴、晴、雨、雪四种天气现象。

(4) 探一探：说说天气对我们生活的影响。

学生通过大旱后枯萎的庄稼、洪涝后被淹没的村庄等案例，由浅入深、由点及面地探讨天气的变化对我们生活的影响。

(5) 说一说：分析不同的天气对动植物和人类有哪些好处与坏处。

学生通过小组讨论，说一说天气对动植物和人类的影响，接着利用讲台展示小组讨论的成果并上台汇报，最后全班交流和补充，仔细思考某种天气对动植物和人类有哪些好处与坏处。

(6) 练一练：区分不同的天气。

学生根据前面的学习内容，独立完成科学活动手册的配套练习，最后分析和讨论结果。

学生通过小学科学"六个一"环节的尝试反馈学习，联系旧知识，学习新知识，在忆一忆、学一学、议一议、探一探、说一说、练一练中成为课堂的中心，他们在学习中畅所欲言，充分自主探究。于是，学生也就自然而然地掌握了有关天气的知识，明白了天气与人类的关系。

（顾艳悦，跨塘实小）

通过这些案例，我们可以深入了解尝试反馈教学法的内涵和应用技巧，为我们的教学实践提供有益的参考和启示。

总之，各学科教师在设计课堂教学流程时，紧紧抓住并遵循尝试与反馈这两个关键词，在尝试中发现问题，在反馈中解决问题，不断引导学生

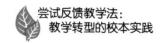

巩固知识和拓展知识面。一方面，清晰的课堂教学流程充分发挥了学生的主观能动性，引导学生积极开展"前学、研学、延学"三大环节的学习活动；另一方面，促使教师更好地根据学生的学情有效地开展教学，形成因材施教、因需而教的良性课堂样态。

三、尝试反馈多学科跨界融合教学模式建构

当今社会对人才跨学科知识与技能的要求越来越高，教师在运用尝试反馈教学法设计和开发各学科课堂教学流程的同时，也注重多学科跨界融合教学模式的开发。通过跨学科整体式的融合设计，形成主题性的教学导向，让学生学习的知识立体化地呈现，让学生学习的内容和空间无限地拓展与延伸，让学生在多元的尝试中不断拓展思维，激发学生的学习兴趣，不断增强学生跨学科综合能力与思维能力。

（一）尝试反馈多学科跨界融合教学模式

学者戴安娜·罗顿、马克·秦等人提出跨学科教育，他们将跨学科教育定义为：一种课程设计与教学模式，由单个教师或教师团队对两门及以上的学科知识、资料、技术、工具、观点、概念或理论进行辨识、评价与整合，以提升学生理解问题、处理问题、创造性地使用多学科的新方法解决问题的能力。

之后，艾伦·雷普克在《如何进行跨学科研究》中提出：跨学科研究是回答问题、解决问题、处理问题的进程，这些问题太宽泛、太复杂，靠单门学科不足以解决；它以学科为依托，以整合见解、构建更全面的认知体系为目的。

首先，认知理论认为，学生对知识的架构是多层次的，所以通过跨界融合教育方法，可以加强不同学科之间的联系。其次，建构主义学习理论认为，学生通过积极参与和合作学习来构建知识，而跨界融合教育方法可以提供更广泛的学科知识资源，创造更多的合作学习机会。最后，社会需求理论认为，现实生活中的问题往往不仅仅是单一学科的问题，还涉及多个学科的综合性问题，因此，通过跨界融合教育方法，可以更好地培养学生解决复杂问题的能力。其模式一般包括以下三个方面。

1. 多学科知识融合

多学科知识融合是将多门学科知识进行融合教学，让学生在同一课堂

内,不仅能学到某一学科的知识,也能学到其他学科的知识。例如,学生学习绘画的同时,也能了解与绘画内容相关的历史背景等。

以小学美术学科为例。教师可以将美术知识与历史、地理等学科知识进行融合。例如,在教学生画中国传统水墨画时,教师可以融入中国历史知识,向学生介绍水墨画的起源和发展,以及它在中国文化中的地位。同时,教师还可以融入地理知识,让学生了解中国各地的风土人情,以及这些因素如何影响水墨画的风格。通过这样的教学方式,学生不仅学会了画水墨画,还对中国历史、地理有了更深入的了解。

在英语学科中,教师可以将英语语法知识与生物、物理等学科知识进行融合。例如,在讲解"现在进行时"这一语法点时,教师可以结合生物知识,向学生介绍不同动物的行为特征,并让他们用现在进行时描述动物正在进行的动作。通过这种方式,学生不仅能掌握英语语法的用法,还能对生物学科有更深入的理解。

2. 多学科资源支撑

在课堂教学中,融合应用多学科资源,形成音乐、美术、生物、劳动教育、数学、历史等各学科多方面资源的立体呈现,展现生动的教学场景。

在课堂教学中,我们可以看到多学科知识融合的实践。例如,在数学和音乐这两门看似毫不相关的学科中,也可以找到它们的融合点。

在小学数学的教学中,教师可以将数学与音乐相结合,以创新的方式教授数学概念。例如,在教学生认识分数时,教师可以先利用音乐中的节拍来解释分数的概念,将一个节拍视为一个整体;然后将其分成若干等份,每一份就是分数的一个部分。通过这种方式,学生可以更直观地理解分数的含义,同时能够更好地掌握分数的计算方法。

在音乐教学中,教师也可以融入数学元素,帮助学生更好地理解音乐的节奏。例如,在教授学生如何打节拍时,教师可以引导学生观察节拍之间的数学关系,诸如比例和对称等。通过这种方式,学生不仅能够更好地掌握音乐的节奏感,还能够提升数学思维能力和审美能力。

3. 多学科融合实践

围绕核心主题,教师引导学生融合设计多学科的综合实践活动。学生通过读、说、唱、画、算、写、折、搭、拼等各种方式开展沉浸式的学习,在尝试中发现问题,在实践中明确主题。

例如,在"制作简易望远镜"的综合实践活动中,教师可以将科学和美术两个学科的知识进行融合。首先,教师向学生介绍望远镜的基本原理

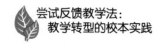

和制作方法，让学生了解望远镜的结构和功能。其次，教师引导学生发挥自己的创意和美术技能，对望远镜进行装饰和美化。学生可以使用彩纸、贴纸、画笔等工具，设计出自己喜欢的望远镜外观。在制作过程中，学生需要运用科学知识进行测量和剪裁，同时也需要发挥自己的美术想象力和技巧，进行创作和装饰。通过这样的综合实践活动，学生不仅能深入了解望远镜的原理和制作方法，还能提升自己的美术素养和动手能力。这种多学科知识融合的教学方式能够激发学生的学习兴趣，培养他们的创新能力和跨学科思维能力，有助于提高他们的综合素质。

（二）尝试反馈多学科跨界融合案例呈现

尝试反馈教学一直以来关注教学空间的延展，关注信息平台的支撑，注重多学科跨界融合的教学，将知识进行整合和融合，以培养学生的综合素养和创新能力。通过主题教学，尝试运用多学科资源，开展多学科整合实践，鼓励学生在学习过程中进行尝试和反馈，激发他们的主动性和创造力，促进知识不断迁移和深度融合。通过多学科的交叉与融合，帮助学生构建更加完整的知识体系，提升学生解决实际问题的能力，以适应未来社会的多元化需求。

下面呈现的这些案例将涵盖不同年级和学科领域，包括数学、科学、语文、英语等多个学科，以展示尝试反馈教学法的普适性和有效性。通过对这些案例的分析和讨论，我们可以深入了解尝试反馈教学法的内涵和应用技巧，为我们的教学实践提供有益的参考和启示。

案例五　小学美术"姑苏塔韵"

【教学目标】

1. 初步了解有关塔的历史文化，感受塔的优美造型，培养学生热爱家乡和热爱民族的情感，懂得塔是建筑史上的伟大成就。

2. 通过对塔的仔细观察，能比较准确地画出或制作塔基、塔身、塔刹等塔的组成部分，提升学生对造型的感受力和表现力；同时，还可以通过塔的造型练习，培养学生的创新能力。

【融合学科】

含美术、语文、数学、历史等学科。

【适用年段】

五、六年级

一、开门见山，揭示课题

师：虎丘塔距今已有2 500多年的历史，是古城苏州的标志。谁能来背一背古诗《虎丘塔》？今天，我们一起去领略江南璀璨的明珠——虎丘塔，感受它独特的韵味，一起学习新的一课"姑苏塔韵"。（揭题："姑苏塔韵"）

二、欣赏

1. 塔的定义。

塔是一种在亚洲常见的、有着特定形式和风格的东方传统建筑。在中国，它是一种供奉或收藏佛舍利（佛骨）、佛像、佛经、僧人遗体等的高耸型点式建筑。（出示塔的图片）

师：大家说一说苏州有哪些塔。

师：同学们可都是"苏州通"呢！下面请以小组为单位，汇报一下你们课前通过调查完成的尝试反馈学习单（表2-1）。

表2-1 尝试反馈学习单

名称	特点介绍
北寺塔	北寺塔又称"报恩寺塔"，是苏州古老的一座佛寺，距今已有1 700多年的历史，塔高76米，整体为砖瓦结构，雄冠江南，登高可俯瞰全城风光。北寺塔一直是苏州古城区的第一高塔。相传，这座塔还是三国时期孙权为了报答母亲的养育之恩建造的
双塔	双塔又称"罗汉院双塔"，建在定慧寺巷内，两塔的外形几乎完全一样，分为7层，东塔高33.3米，西塔高33.7米，两塔相距仅20多米，像这样紧紧靠在一起的双塔在全国是十分罕见的
虎丘塔	虎丘塔又称"云岩寺塔"，建于五代后周时期，是八角形砖塔，共7层，高48.2米，受地基因素的影响，塔身从明代开始就已出现倾斜，塔内发现大量文物，虎丘塔被誉为中国的"比萨斜塔"
寻找你感兴趣的姑苏塔	瑞光塔、楞伽塔、光福塔……

师：下面就让我们一起来欣赏下面三座塔，我们上学期在"雄伟的塔"这一课中见过另外三座塔！你们能发现它们有什么相同点和不同点吗？

① 瑞光塔、砖木结构；② 东吴塔、钢结构；③ 北海白塔、砖木石混合结构。

师：相同点是左右对称、塔刹尖尖的……不同点是外形、建筑材料不同……

2. 塔的组成。

师：通过欣赏刚才的三座塔，我们再次回顾一下塔的结构是怎样的。

塔基——宽、大；塔身——上小下大；塔刹——尖；结构——左右对称。

三、试一试，画一画

师：欣赏了几座姑苏塔，下面我们放松一下，在最短的时间内画出一座姑苏塔，注意左右对称、构图饱满。大家准备好了吗？现在开始吧！

学生进行小组活动，教师选取学生作品进行展示，并引导点评。

四、塔的细节

1. 塔身的细节。

师：（出示塔身图片）说一说你们的发现。

生：塔身位于塔的中心部位，通常呈现向上逐渐收缩的形态。

2. 塔刹的细节。

师：（出示塔刹图片）谈一谈你们的想法。

生：塔刹位于塔的最高处，通常由刹座、刹身和刹顶三部分组成。

师：刚才我们看到的门、窗、瓦片、雕刻的花纹及挑角飞檐要怎么表现出来呢？（教师示范）

师：看！我可以印制很多份塔的版画作品分享给全班同学。那么如果是绘画作品，能这样做吗？显然不能！这是为什么呢？

师：因为绘画作品具有独创性与艺术性，无法被简单地复制。

五、创作实践

师：看！我用同样的方法把苏州有名的沧浪亭和宝带桥的版画作品带到了教室，这两幅版画作品的构图饱满，造型简练，木刻作品对线条要求更高，就像我们写毛笔字一样，线条时而刚劲有力，时而柔美飘逸，今天我们也要来当一回能工巧匠，用我们手中的画笔在吹塑纸上画一座姑苏塔，完成一张吹塑纸版画。

注意：构图——饱满；结构——左右对称；装饰——雕刻的花纹、挑角飞檐；印制——不能移动，控制油墨。

六、展示评价

师：大部分同学都完成了吹塑纸版画，现在就让我们一起来看看。哇！这里有这么多漂亮的姑苏塔，你们喜欢哪一个？谁上来说一说？

七、总结

师：在科技日新月异的今天，中国的塔又有了哪些变化？（播放中国的塔的视频）

生：中国的塔建得更加高了，外形更加独特了。俗话说，"万丈高楼平地起"。

师：同学们，我相信只要我们扎实地学习，以后肯定可以设计出更加出色、更加美丽的塔！

（高沁雯，跨塘实小）

案例六　小学道德与法治"这些事我来做"

【教学目标】

1. 总结做家务的好处和意义，形成主动做家务的意识。

2. 交流做家务的技巧，提升做家务的能力，初步培养学生坚持做家务的良好习惯。

【融合学科】

含道德与法治、语文、劳动教育等学科。

【适用年段】

四年级

一、情境导入

1. 展示图片。

师：国庆假期，同学们在家做了许多有意义的事情，其中一件就是做家务。（出示学生假期劳动的照片）那么，你们平时在家里会做家务吗？我们一起来学习第五课"这些事我来做"。

师：同学们，我们一起再来看一看，这些活儿你们都认识吗？它们属于家务吗？

生：我们都认识。这些为家人做的活儿都是家务。

2. 家务知多少。

师：我发现有同学上传了这样的图片，请说一说这是什么活儿。

生：这是家务活，不仅包括家里的事务，还包括自己的事情。

师：那么我们班哪些同学是真正的家务小能手呢？哪个小组又是擅长家务的王牌小组呢？接下来，我们会开展一次"家务竞技赛"。在比赛前，我来问问大家，什么样的同学才算是家务小能手？

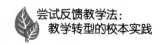

生：家务小能手是会做的家务多，而且家务做得好。

二、家务竞技赛一：我会做的家务多

1. 填写尝试反馈学习单，罗列自己做过的家务活。

师：请同学们打开尝试反馈学习单，写一写你们做过的家务活。

2. 小组活动，宣读统计数据，张贴评比结果。

师：请同学们以小组为单位，将自己参与过的家务列出来。比比看，哪个小组做的家务最多。

3. 采访学生，考查学生做家务的能力。

师：很多同学干起家务来像模像样，十分熟练。我来采访一下我们班的家务小能手，这个刷鞋子有什么要注意的地方？

三、家务竞技赛二：动手试一试

1. 选拔小组，组织家务比赛。

师：光说不练假把式，我们就来动手实践一下，看看谁做家务的本领大。让我们开展家务竞技赛——动手试一试。第一场赛事以4人为一组，进行叠衣服竞赛。在规定时间内，看哪个小组叠得多、叠得好！第二场赛事也以4人为一组，进行擦桌子竞赛。在规定时间内，看哪个小组擦得又快又好。

2. 随机采访获胜小组，邀请小组成员谈谈感受和收获。

3. 观看叠衣服、擦桌子小视频。

师：我们一起来学习一些干家务的技巧，争取人人都能成为家务小能手。

四、做家务的好处：收获多又多

1. 鼓励学生做家务，邀请学生谈谈做家务的好处。

师：说了那么多，那么做家务给我们带来什么好处呢？

2. 展示学生的作文，再请学生谈体会。

师：大家从自己、他人的角度，说一说学会本领、体会他人辛苦的重要性。

3. 听听家长的声音。

师：家长为你们在做家务中学会本领、增长智慧、增强自信而感到欣慰。

4. 知识窗：做家务好处多。

师：我们应不应该做家务？

五、小小情景剧

1. 观看情景剧。

师：有人愿意主动承担家务，并且做得非常出色。但也有人有不同的想法。我们来看看同学们带来的情景剧吧！

2. 辨析现象，小组代表发言，组内同学补充。

师：请各个小组代表认真分析原因，找到方法并提升自我。

生：很多同学不愿意做家务是因为怕辛苦、没时间、不会做等。

3. 教师总结。

师：我非常同意同学们的看法，我们既要兼顾学习，又要勇于承担家务，为今后的生活打下坚实的基础。看来这些小困难我们都是可以克服的，那么家务我们要不要做呢？

六、榜样的力量

1. 走进故事。

师：同学们，我们时常抱怨自己的作业多，干家务累。那么，让我们一起走进夏丛艳的生活，去看看她是怎么做的。请同学们一起读故事，并思考夏丛艳有什么地方让我们特别佩服。

2. 感受力量。

师：夏丛艳主动承担家务劳动的意识及强烈的家庭责任感，值得我们每一个人学习。

3. 学习榜样。

师：很多同学在日常生活中也是主动为家人劳动，既不是作秀，也不是为了拍照。我们应该向这些同学学习，感受榜样的力量。

七、总结延伸

师：这节课，同学们共同分享了做家务的一些方法和体会，通过交流和讨论懂得了做家务是我们应该承担的家庭责任。我相信你们都是特别懂事、特别有责任感的人。那么，从今天开始，在家里我们能做的家务，谁来做？大家一起来说！

生：我来做！

（周志鹏，跨塘实小）

案例七　小学语文《长相思》

【教学目标】

1. 学习词中的生字，会读"榆、畔、更、聒"4个生字，读准多音字"更"的读音，理解生字"聒"的意思。

2. 有感情地朗读诗词，借助注释理解句子的意思，并想象画面。

3. 通过想象，理解词人"眼中之画"和"心中之画"的矛盾心理，感受词人对家乡的思念、胸怀家国天下的抱负。

【融合学科】

含语文、历史、地理、音乐等学科。

【适用年段】

五年级

一、回顾知识，反馈交流，感受词体

1. 生生之间交流课前预学的问题，教师相机解决。

2. 教师揭示课题，学生齐读课题。

二、读通句子，读出韵味，初读相思

1. 学生初读，要求读准字音，读通句子。

2. 教师指导学生读出节奏。

3. 教师指导学生读出音韵。

4. 师生共读。

三、理解词意，想象画面，再感相思

1. 教生字，关注注释。

（1）教师指导学生学习生字"聒"。

师："聒"字特别难写，大家看我来写。它的左边有个"耳朵"，右边有个"舌头"，大家知道"聒"字是什么意思吗？（板书："聒"字）

（2）教师引导学生理解字义。

2. 扣风雪，想象"风一更，雪一更"。

师：古时候，人们将夜晚分为5个时段，即五更。一更，按照现在的时间算法来算，应该是2小时，所以你觉得是风只吹了2小时，雪也只下了2小时吗？

3. 扣山水，体会征途漫漫。

师：这样的风雪之声，又是纳兰性德在什么地方听到的？如果用两个字概括，即征途。（板书：征途）。

师：你们是怎么知道词人就在这征途中的？大家齐读上阕，我为大家介绍《长相思》的写作背景。纳兰性德是康熙皇帝的侍卫，1682年，云南平定，康熙皇帝要告祭于祖陵。作为康熙皇帝的侍卫，纳兰性德重任在肩，责任如山，便跟随康熙皇帝出关而去，于是就有了这首《长相思》。

师：（出示地图）从京城（今北京）赴关外盛京（今沈阳）途中，纳兰性德一行人出山海关时冰雪未消融，一路千山万水。大家一起齐读上阕，理解"身向榆关那畔行，夜深千帐灯"的词意。

4. 扣故园，解析《长相思》。

师：纳兰性德身在征途，那他的心又在哪里呢？你是怎么看出来的？（板书：心）。

师：同学们，关于词的意思，我们也都了解了。谁再来读一读这首《长相思》。

5. 想故园，细品相思。

师：故园在纳兰性德的心中，又是怎样的存在呢？大家一起练写，展开想象。

师：但是此时此刻，在风雪交加的夜晚，这样的画面全都破碎了！谁来读《长相思》？

师：长相思啊，长相思！山一程，水一程，程程都是长相思！风一更，雪一更，更更唤醒长相思。同学们，想象你们心中的画面，我们再读《长相思》。

四、走近词人，了解经历，丰富相思

师：同学们，我们看到纳兰性德的眼前，凄冷荒凉；纳兰性德的故园，温暖幸福。此时此刻，你们有没有什么想问问纳兰性德的？请你们写在尝试反馈学习单上。

师：人们都说纳兰性德是轻离别的，可又有谁真的了解他呢？请同学们以小组讨论的形式，分析纳兰性德为什么这么舍不得自己的故园。请大家在问题研究卡上写下小组讨论的内容。（出示纳兰性德的相关介绍）

师：而今，离开故园的纳兰性德面对风雪凄迷的边塞之景，怎叫他不思念故园呢？配乐齐诵《长相思》。

（卢通，跨塘实小）

上述三份教学设计案例分别围绕品位姑苏塔、培养坚持做家务的良好

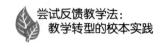

习惯和品读《长相思》的目标，开展了多学科跨界融合教学。如：讲授"姑苏塔韵"这一课，教师不仅将诗词、绘画、建筑等各方面的知识与学科进行融合，还让学生学会将吟诵、调查、对比、统计、赏析等多种学习方式进行融合；同样，在教授《长相思》这首词时，教师也将历史、地理、文学、音乐等各学科资源进行有效融合，在跨界融合中让学生走进情境，从而进一步提升学生自主思考、自主探索、自主交流的能力。学科的壁垒在多学科跨界融合教学的过程中被打破，充分调动了学生的多种感官，让学习成了一种动态、立体的生活场域，有效激发了学生的学习兴趣。

四、尝试反馈项目式学习的教学模式建构

一样的学习，不一样的体验；一样的课堂，不一样的激励；一样的班级，不一样的温暖；一样的教师，不一样的教学哲学。尝试反馈项目式学习的教学模式是一种以项目为主要组织形式的教学模式，它通过让学生参与具体的项目活动，增强学生的主动性、创造性和实践能力，促进学生在知识、技能和情感等多方面综合发展。在尝试反馈项目式学习的教学中，学生通常在教师的引导下，自主设计、实施和评价一个具有一定挑战性和探究性的项目，这个项目可以是一个产品、一项研究、一个实验等。在整个过程中，学生需要运用多种学科知识和技能，与同伴合作、交流、分享经验，不断探究和解决实际问题，从而获得对知识的深刻理解和实践经验。

为了更好地为学生提供有趣的内容和展示自己的机会，让学生能够自主、自由地进行尝试学习，从而有效地促进学生创造能力的提升，教师在运用尝试反馈教学法时，在关注多学科跨界融合教学的基础上，进一步研尝试反馈究项目式学习的教学模式，为学生的健康成长助力。

（一）尝试反馈项目式学习的教学模式

尝试反馈项目式学习主要是通过达成项目目标来发展学生的综合能力。尝试反馈项目式学习把学习置于真实的、有意义的问题情境中，通过让学生自主探究和合作交流，在解决问题的过程中学习问题背后的知识，形成解决问题的技能，并发展综合能力。

尝试反馈项目式学习具有如下特点：

第一，实践性，即项目的主题与真实世界密切联系，学生的学习更加具有针对性和实用性。

第二，自主性，即学生能够自主、自由地进行学习，从而有效地促进自身创造力的发展。

第三，发展性，即长期项目与阶段性项目相结合，构成实现教育目标的认知过程。

第四，综合性，即具有学科交叉性的特点，有利于促进自身综合能力的提升。

第五，开放性，即体现在学生围绕主题探索的方式、方法、评价具有多样性和选择性。

尝试反馈教学注重学生在进行系统学科知识学习的基础上，尝试综合运用多学科学习成就，开展主题性、自主性、综合性的实践活动，从而在尝试中学习，在学习中实践，在实践中发现问题，在问题中进一步深入尝试，形成情境化、生活化的自主学习模式。尝试反馈项目式学习的教学模式是从教师提出项目任务，明确项目目标；到小组策划实施方案，教师指导提升；再到小组合作形成方案，尝试反馈并解决问题；接着到学生自我评估，教师评价；最后到教师总结反思和应用实践的过程。教师通过任务的分工与协调、问题的尝试与解决、情境的体验与反思，不断促进学生知识的内化与个性的发展。

（二）尝试反馈项目式学习的教学课程呈现

自尝试反馈教学法在跨塘实小正式实施以来，该校一直将尝试反馈项目式学习作为新一轮教育教学改革的突破口和增长点，在学科、跨学科、活动三个领域中，由点及面、统筹并进，一边组织和指导教师学习尝试反馈项目式学习的新理念和新方法，一边开展各个领域的尝试反馈项目式学习实践研究。尝试反馈项目式学习实践，促进了学习空间的建构，促进了教学方式的转变，培育了学生创造性的思维，也加速了教师的专业成长，激发了学校的办学活力。

我们以尝试反馈项目式学习的教学课程为例，展示如何通过尝试反馈教学法引导学生进行项目式学习，以培养学生的自主学习能力和创新思维。这种教学方法将尝试反馈与项目式学习相结合，使学生在实际操作中深入探索学科知识，提升解决实际问题的能力。我们通过引导学生进行自主探究、合作学习，培养学生的创新思维和团队协作能力，为学生未来的学习和职业发展打下坚实的基础。

案例八　小学科学"养昆虫"

【教学目标】

本次尝试反馈项目式学习通过研究蚕的一生，配合苏教版小学科学四年级下册第三单元"养昆虫"这一课，让学生在实践中尝试学习养蚕的全过程，了解蚕茧的销售、加工和制作工艺，从而激发学生的好奇心和求知欲，加强学生对昆虫的认识，让学生了解昆虫的生活习性。

【适用年段】

三至六年级

【课时设计】

第一课时：预习知识，了解本地养蚕的"前世今生"。

第二课时：调查研究，知晓本地种桑养蚕的历史和方法。

第三课时：实践探索，尝试重现本地养蚕过程，并仔细观察蚕的变化。

第四课时：总结经验，展示成果。

【难点聚焦】

1. 了解中国养蚕历史。

2. 了解当地养蚕技术。

3. 了解养蚕具体步骤。

【活动实践】

一、活动一：养蚕调查

下面是养蚕调查注意事项汇总表（表2-2）。

表2-2　养蚕调查注意事项汇总表

养蚕过程	注意事项
催青	
收蚁	
饲桑	
清除桑夷沙	
蚕眠	
上蔟	

二、活动二：我们来养蚕

1. 准备蚕种。

从中国农业科学院蚕业研究所蚕种发放机构申请蚕种，做好蚕种孵化前的准备工作。

2. 科学养蚕。

各个小组根据自己收集到的养蚕知识，做一回真正的养蚕人。对于养蚕中遇到的困难，各个小组可以讨论解决，也可以请求教师和专业养蚕人予以指导。同时，做好养蚕过程中不同阶段的记录，拍成照片，以便保存。

三、总结经验，展示成果

各个小组总结养蚕经验及养蚕过程中遇到的困难和克服困难的方法，汇集成册。同时，各个小组准备养蚕的相关文章，在班级中进行经验交流。

1. 各个小组汇报活动情况，交流经验。

2. 展示各个小组活动材料（活动记录、活动照片）和活动成果（蚕茧、蚕卵、蚕丝）。

3. 各个小组前往纺织厂了解蚕茧加工、制作工艺。

四、评价

1. 自我评价。

从个人为团队合作做出的贡献、个人解决问题的能力得到的提升、个人展示的科学思维、个人保持的积极态度、个人完成的项目任务、个人对自己的工作进行的反思等方面进行自我评价。

2. 团队评价。

从团队合作的氛围、团队解决问题的能力、个人在团队中的积极性等方面进行综合评价。

（跨塘实小科学组）

案例九　小学综合实践活动课程"爱我平江"

【教学目标】

本次尝试反馈项目式学习主要研究苏州特色名街平江路，充分利用学校周围的自然资源和社区文化底蕴，通过参观、访问、调查、考证等实践活动，了解平江路的"前世今生"。通过开展"爱我平江"系列活动，增进学生热爱苏州文化的情感，培养学生为苏州建设做贡献的意识，进一步提升学生的社会参与能力和人际交往能力。

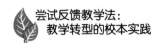

【适用年段】

四至六年级

【课时设计】

第一课时：背景回顾，了解平江路的"前世今生"。

第二课时：调查研究，制订"爱我平江"系列活动计划。

第三课时：实践探索，汇报"爱我平江"系列活动成果。

一、背景回顾，了解平江路的"前世今生"

1. 观看录像资料，了解自己学校周围的环境特色，激发学生了解平江路的兴趣。

2. 上网了解平江路。登录"名城苏州"网站，浏览苏州平江历史文化街区。

3. 组成若干小小采访团，制订访问计划，明确采访重点，通过采访了解街巷、河道、桥梁、古宅、名人等内容，了解社区居民心目中的平江路。

4. 参观耦园、苏州戏曲博物馆，欣赏庭院式的园林之美和优雅婉转的昆曲之韵。

5. 布置展览室，汇总采访结果，将收集到的资料陈列在教室一角。

6. 邀请平江路街道办事处的工作人员向学生介绍平江路目前的不足之处及苏州市政府对平江路的改建规划。

二、调查研究，制订"爱我平江"系列活动计划（表2-3）

表2-3 "爱我平江"系列活动计划

活动时间	活动目标	活动内容
	让平江路更加干净起来	制作卫生宣传牌、宣传标语；与平江路附近的社区居民委员会、平江路街道办事处联系，定期进行校外劳动，分路段做好保洁工作；动员学校内所有平江路地段的学生，做好清洁平江路的宣传和监督工作
	让平江河更加清澈起来	采集平江河的水，进行基本的水质分析；调查平江河污染的原因，在问题集中的河段竖立宣传牌，宣传"四不"规范；建立"小小护河岗"，在休息日督促居民做好"四不"工作
	让昆曲艺术更好地发扬起来	充分发挥学校"小昆班"的优势，定期开展汇报演出；将昆曲艺术所特有的精华，如"甩水袖""水磨腔"等介绍给学生；分年段进行昆曲艺术演练，诵读昆词，画脸谱
	让居民生活更加方便起来	在采访的基础上，设计"未来的平江路"，将市场、商店、花园等设计得更健全、更合理；向平江路街道办事处或苏州市政府提出合理的建议，递交"红领巾"提案

三、实践探索，汇报"爱我平江"系列活动成果

1. 开展苏州平江历史文化街区知识竞赛活动。

2. 汇报假日小队活动成果。

（1）介绍活动事例。

（2）对比活动前后照片。

（3）展示、评议各小组的活动成果，给予奖励。

（4）情境表演：《外国朋友游平江》。由学生当导游，向外宾介绍平江路的街巷、河道、桥梁、古宅、历史名人，并融合园林艺术、戏曲文化等特色。

（5）开展"未来平江路"设计蓝图评比活动。

（跨塘实小综合实践组）

案例十　小学信息技术"安全停车有感知"

【教学目标】

地下车库是生活中随处可见的场所，学校、住宅楼、医院、商场、写字楼等都配有地下车库。在本项目活动中，学生将通过观察不同地点的地下车库，了解地下车库中非固定车位的停车需求后，利用超声波传感器、灰度传感器等科技智能互联教学硬件，制作智能停车库装置。本项目主要是让学生留心观察生活中的智能设备，综合运用所学的知识解决实际问题，培养计算思维能力，提升动手能力和解决问题的能力，养成热爱生活的态度。

【适用年段】

六年级

【课时设计】

第一课时：了解项目任务，学习背景知识。

第二课时：设计流程图，设计程序脚本。

第三课时：优化设计，制作智能停车库。

第四课时：总结经验，汇报项目。

【难点聚焦】

1. 分析智能停车库的功能需求，设计智能停车库系统。

2. 知晓超声波传感器的工作原理。

3. 综合运用相关知识，制作智能停车库装置。

4. 了解智能停车库装置在生活中的作用，感受动手制作的喜悦。

一、活动一：了解智能停车库功能，选择合适的传感器

1. 根据你的观察，智能停车库的功能有哪些？可能用到哪些硬件来辅助设计？请填写在表2-4中。

表2-4　智能停车库的功能、内容及可能用到的硬件

序号	功能	内容	可能用到的硬件
1			
2			
3			

在以上信息中，制作智能停车库需要关注的是　　　　　　　等信息。

2. 探究：超声波传感器、灰度传感器测距范围是多少？选择多少阈值合适？请填写在表2-5中。

表2-5　问题、猜想、测量所选的的硬件材料、过程和结果及阈值

序号	需要解决的问题	我们的猜想	硬件材料	测量过程	结果	阈值
1						
2						
3						
4						
5						
6						

二、活动二：设计智能停车库

1. 初步设计，测试程序。

（1）设计流程图。

（2）初步设计程序，调试解决简单的问题。

2. 优化设计，搭建外部框架。

（1）根据测试结果，完善流程图，优化设计。

（2）尝试搭建智能停车库外部框架。

3. 发现问题，再次优化设计。

（1）进一步调试程序。

(2) 完善智能停车库的外部框架制作。

4. 小组汇报，展示智能停车库成品。

(1) 分享在这个过程中学到的知识。

(2) 谈谈在这个过程中遇到的问题和一些新的想法。

5. 评价。

(1) 项目评价。

从模型的功能性、美观性、科学性等方面进行评价，并给出相应的分值（0~5分）。

(2) 自我评价。

从个人为团队合作做出的贡献、个人解决问题的能力得到的提升、个人展现的科学思维、个人保持的积极态度、个人完成的项目任务、个人对自己的工作进行的反思等方面进行自我评价。

(3) 团队评价。

从团队合作氛围、团队解决问题的能力、个人在团队中的积极性等方面进行综合评价。

（范竹青，跨塘实小）

上述尝试反馈项目式学习的教学课程都是从学生的实际生活出发，让学生参与真实的项目实践，直面问题，为解决问题开展问卷调查、策略设计、实践探究、观察思考等，从而让学生在实践中积累经验、掌握技能、增强信心；在实践中促进学生发现问题，积极思考并商讨解决问题的策略，不断地尝试与改进，进而在解决问题中不断创新；在实践中提升学生学习的主动性，让学生在思维的碰撞中明智，让学习在探究中深入。

尝试反馈项目式学习的教学课程的推进正是跨塘实小在尝试反馈教学理念的引领下，充分发挥学生学习的自主性，让学生在尝试探究中不断发展创新思维。

第三章

尝试反馈教学的学习样态

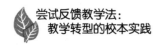

学习样态是指学习者在特定的学习环境中所表现出的学习方式和学习状态。以"学为中心"的学习样态强调以学习者为中心,充分发挥学生的主体作用,注重学生的自主学习和合作学习相结合。在尝试反馈的背景下,以"学为中心"的学习样态表现为鼓励学生主动参与、积极尝试、及时反馈、频繁互动,使学生能够更好地掌握知识和技能,增强学习效果。这种学习样态注重学生的个体差异和多元化需求,能够激发学生的学习兴趣和学习动力,培养学生的创新思维和实践能力。

一、以"学为中心"的教学追求

在尝试反馈的教学过程中,教师需要转变角色,从传统的知识传授者转变为学习的引导者和合作者,为学生提供支持和资源,帮助他们完成自主学习和合作学习,提升学习效果和质量。

1. 以"学为中心"的理论溯源

尝试反馈教学是以"学为中心"作为理论支撑的教学新样态。以"学为中心"作为先进的教育理念,强调以学生为中心,以主动学习为核心,以促进学生的全面发展为目标。这种以学生为中心的教学方式与传统的以教师为中心的教学方式大不相同,它更加注重学生的主体地位和主动性,强调学生在学习过程中的自主探究与合作学习,以及教师在教学中扮演引导者、帮助者和促进者的角色。以"学为中心"作为尝试反馈教学的一大支撑,有其历史的必要性、合理性。

(1)"儿童中心论""建构主义理论"的更迭。

以"学为中心"的观念最早可追溯至美国儿童心理学家和教育家杜威的"以儿童为中心"的观念。他认为,儿童是起点,是中心,也是目的。儿童的发展、儿童的生长,就是理想所在。他主张,在教育中应该尊重儿童的个性,让他们在自然状态下发展,通过活动和实践来引导儿童进行学习;也应按儿童的需要、兴趣、能力及经验设计课程,提倡活动课程、经验课程，强调设计课程的主要目的是顺应和满足儿童自然发展的需要。

以"学为中心"有利于学习建构主义理论。建构主义理论认为，学习知识不是通过教师传授得到的，而是学习者在一定的社会情境，即社会文化背景下，借助其他人（包括教师和学习伙伴）的帮助，利用必要的学习资料，建构自己的知识体系获得的。在教育领域中，建构主义理论倡导以学生为中心的教学方式，强调学生的社会文化背景和个体经验在教学中的作用，认为教师应该关注学生的差异性和需求，引导学生将所学知识应用到实际生活中。

（2）符合人的发展规律特点。

以"学为中心"符合人的发展规律和特点。人的发展理论认为，人的发展是一个不断变化的过程，包括多个阶段，而且每个阶段都有不同的身心发展特点和发展规律。而以"学为中心"理论强调以学生为中心，以学习为核心，关注学生的主体地位和主动性，通过多样化的教学方式和教学手段，促进学生的全面发展、自由发展和个性发展。

（3）"双新"背景下的必然选择。

新课标明确提出"以学生发展为本"的理念，并强调在教学中鼓励学生自主学习，充分关注学生的个体差异和学习需求；明确提出教师应确立适应社会发展和满足学生需求的教育观念，注重吸收新知识，不断提升自身的综合素养。新课程倡导的新的教学方式是以学生的积极参与为前提的。以"一切为了学生，高度尊重学生，全面依靠学生"为宗旨是教育的核心理念。"先试后导、先练后讲"，以至于达到不教而教的目的，使学生真正成为课堂和学习的主人。综上所述，"双新"背景下的这些主张都与以"学为中心"的理论相符，体现了当代教育改革中以学生为中心的教育理念。

（4）时代发展的需求与人才培养的需要。

现代社会需要的人才，是具有实践能力和创新精神的全面发展的综合性人才。而以"学为中心"的尝试反馈教学注重学生的全面发展，通过多样化的教学方式和教学手段，实现学生的知识、技能、情感、态度和价值观等多个方面的发展，促进他们的身心健康和个人成长。在教学过程中，通过问题探究、项目实践等方式，鼓励学生进行自主学习、探究式学习，培养他们的实践能力和创新精神。

2. "四学"样态的整体架构

追求以"学为中心"的尝试反馈教学，具体是通过读学、玩学、探学、写学"四学"作为实现路径的。培养学生的学科核心素养,要求我们让课堂教学返璞归真、转识成智,实现从"教学生一课"到"教学生一生"的转变。

读学,就是让学生学会既读教科书,又读相关学科的课外书。读书不仅仅是学习语文学科需要做的事情,还是学习数学、科学、艺术等各学科需要做的事情。跨塘实小主张"新德育、大教学、全阅读、泛学习"的十二字办学方针就是读学的重要体现。

玩学,就是利用学生爱玩的天性,鼓励学生在玩中学、学中玩,要求教师寓教于玩、寓教于乐,让学生对各科学习不再畏难,学得有滋有味、有声有色。教师通过游戏式教学,让学生在玩耍中学习,促进学生对所学东西感到疑惑、好奇、惊讶、兴奋,这是我们的教学所追求的目标。

探学,就是探究式学习。课程改革的中心是改变学习方式,其核心一定是探究式学习。探究源于问题,没有问题就没有探究;探究源于意愿,没有意愿就没有探究。唯有问题情景、认知冲突,才能激发学习兴趣,激发探究潜能,促进探究式学习走向深入。

写学,就是以写助学,以写促学。深度学习的最大诀窍是什么?那就是不停地写。写学与各学科课标强调的"回顾反思"相对应,就是鼓励学生在课堂和课外多进行学习总结与反思,进而培养学生学科反思能力和元认知能力。学科摘要、学科小报、错题卡、提问卡、问题研究卡、学思笔记、思维导图都是写学的好工具。

读学、玩学、探学、写学,着力调动内在需求,触及心灵深处,统整学习目标,优化学科思维,且行且思,且思且行,积淀学科素养,进而培养学生一生受用的能力。

教师通过讲授读学、玩学、探学、写学的学习方式,不仅可以帮助学生挖掘自己的潜能,还可以在不断研制学习驱动任务、创建有活力的课堂中形成自己的教学特色和教学优势,这种尝试为教师自己和学校发展挖掘更多潜能提供了机会。

读学、玩学、探学、写学虽然都有各自的内涵和意义,但这四者之间并不是相互割裂的,在学校的尝试反馈教学实践中,它们之间存在密切的关联,依托尝试反馈学习单(图3-1),相互促进、相互补充,共同构成一个完整的学习过程。

综上,首先,读学是基础。通过阅读,学生

图3-1 尝试反馈学习单

可以获取新的知识和信息，为其他学习方式提供基础和支持。其次，玩学与探学是关键。教师在课堂中通过趣味性和游戏化的方式让学生学习，激发学生的学习兴趣和学习动力，培养他们的协作创新能力。教师在课堂中运用多种方式引导学生通过自主探究和实践，完成相应的学习任务。玩学与探学相互结合，学生在轻松、愉快的氛围中探究问题、解决问题，从而更好地掌握知识和技能。最后，写学是升华。学生通过写作、表达、交流等输出方式，更好地理解和掌握知识，内化能力。写学可以将其他三种学习方式所学的知识和技能进行总结和升华，帮助学生将所学的知识和技能应用到实际生活中，实现知识和技能的迁移和应用。

总之，读学、玩学、探学、写学之间，你中有我，我中有你，依托精心研制的尝试反馈学习单，有机串联，确保课堂教学更真实、更高效。

3. "四学"统整设计尝试反馈学习单

在具体的实践过程中，"四学"并非一定要按照固定的模式全面地呈现于一节课中，而是依据不同课型，教师自主设计、选用，将读学、玩学、探学、写学贯穿于教学全过程，依托尝试反馈学习单，串联起一个个学习任务，驱动学生自主合作、探究学习。

"四学"统整设计尝试反馈学习单，将读学、玩学、探学、写学四种学习方式相互融合，旨在为学生提供全面的学习支持和反馈机制。这种学习单的设计将充分考虑学生的学习需求和认知特点，以激发学生的学习兴趣和学习动力为核心，以培养学生的自主学习能力和创新思维为目标，通过引导学生参与多样化的学习活动，帮助学生掌握知识和技能，提升学习效果和质量。同时，这种学习单的设计也将为教师提供有力的教学工具和评估手段，帮助教师更好地了解学生的学习情况和需求，及时调整教学策略和方法。

4. "四学四问"新探索

学生在读学、玩学、探学、写学的旅途中，展现出了极高的主动性和求知欲。他们不仅沉浸于知识的海洋，还主动提出一系列有质量、有深度的问题。这些问题不仅拓展了他们的思维边界，也促进了他们对知识的深入理解和探索。这种勇于质疑、勤于思考的学习态度，正是他们成长道路上宝贵的财富。因此，在"四学"的基础上，学校教师进一步提出了"四问"——敢问、善问、辩问、省问。"四问"是对学习过程的深度反思和升华。它们不仅鼓励学生勇于提出问题，也鼓励他们学会从多角度、多层次去思考问题，通过辩论和交流来深化对知识的理解和应用，最后通过自我反省来不断优化自己的学习方法和策略。"四学四问"关系如图3-2所示。

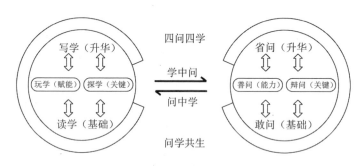

图3-2 "四学四问"关系结构图

首先,敢问是敢于提问,通常用于礼貌地提出问题。它体现了提问者的谦逊,同时也表现出一种探究或求知的态度。

其次,善问是善于提问,即能够提出有深度、有针对性、有启发性的问题。这要求提问者不仅要有敏锐的观察能力和思考能力,还要能够根据对话的上下文和对方的反应灵活地调整问题。

再次,辩问是在辩论或讨论中提出问题。这类问题通常旨在质疑、挑战或探究对方的观点,从而推动讨论的深入。辩问需要提问者具备一定的批判性思维和逻辑思维能力。

最后,省问是自我提问和自我反思的过程,即通过向自己提出问题来审视自己的行为、观念和态度。这种提问方式有助于个人成长和自我提升,因为它能促使个体深入思考和评估自己的行为和决策。

"四学四问"体现了"问学共生"的教学理念。"四学"是指学生多样化的学习方式,通过这些学习方式,学生能够主动地获取知识、技能与情感体验;而"四问"则是指学生在学习过程中提问与反思的行为模式,它鼓励学生勇于质疑、深入探索,并不断进行自我调整与优化。

"四学四问"中"四学"和"四问"存在着紧密的联系。"四学"为学生提供了广阔的学习空间,使他们在实践中发现问题和提出问题;而"四问"则引导学生在学习过程中不断思考、探究,从而深化对知识的理解。"四学四问"不仅符合学生的天性,也体现出"问学共生"的教学理念,即通过问题与学习的相互促进,实现知识的建构与能力的提升。

在"四学四问"的课堂上,教师的角色也至关重要。教师需要敢于让学生提问、学习,善于引导他们深入探究,使"问什么""怎么问""学什么""怎么学"更加符合学生的学习需求。通过这样的教学方式,教师可以营造出一个充满活力的学习环境,促进学生成为学习的自主建构者与人生的自我教育者,从而实现教与学的和谐共生。

从"四学"到"四学四问",这是跨塘实小教师对学习理念的一次新探索。这不仅仅是一次简单的转变,更是一次质的飞跃。它标志着教师教学生从单纯的知识授予,迈向了创新能力的培养。我们共同期待,在"四学四问"的指引下,每一名学生都能成为真正的思考者、探索者和创新者。下面通过各学科的"四学四问"案例,阐述其意义。

案例一 小学语文《宇宙生命之谜》

《宇宙生命之谜》是一篇典型的说明文,收录于部编版小学语文六年级上册阅读策略单元,主要以阅读策略的学习为核心。因此,在教学时,不仅要关注说明文的语言特点,也要重视单元语文要素的学习。作为本单元的第二篇课文,学生对于有目的阅读已经有了一定的认识,注重情境的创设,精心研制尝试反馈学习单,以任务驱动,提升自主学习探究能力。

一、板块一:**课前读学,做好预习**

在课前的预学中,教师主要指导学生读学。作为一篇科普说明文,文章篇幅较长,有很多的专业术语,如果教师将其全都放到课堂中进行讲解,学生的学习效率就会大打折扣。于是,在尝试反馈学习单中设置了前学任务:我来读一读。学生先自主读,在读中质疑,自主查找资料,了解专业术语。

课前读学

1. 熟读课文,了解课文主要内容。
2. 生字词过关。
(1)借助字音,读准词语。
土壤 斑点 干燥 沙漠 分析 蟠桃盛会 沧海一粟
辐射 轨道 陨石 恒星 倾角 厌氧 二氧化碳 有机分子
(2)通过查字典或联系上下文等方法,了解下面这几个词语的意思。
① 沧海一粟:_____
② 二氧化碳:_____
3. 观看微视频《宇宙宇宙》,提出一个你感兴趣的问题,写在提问卡上。

二、板块二：课间玩学，预热研究

在正式教授这节课之前，教师创设学生做"小小研究员"的情境，让学生提前扮演研究员的角色。教师准备与宇宙相关的微电影，在课间播放。学生选择自己对宇宙感兴趣的部分进行探究，并用说一说和画一画的形式来展现自己眼中的宇宙。

课间玩学

1. 观看与宇宙相关的微电影，提出自己感兴趣的问题，并记录在提问卡上。

2. 班级举办"我是宇宙研究员"的讨论会，学生对自己感兴趣的部分通过查找资料的方式进行研究，并说一说和画一画自己眼中的宇宙，在班上与同伴交流。

三、板块三：课中探学，完成研究

在第二个板块的学习中，先明确"宇宙中，除地球之外，其他星球上是否还有生命存在？"这既是本课所要解决的问题，也是阅读的目的。然后围绕本单元的语文要素，用小任务的形式逐步推进课堂学习，引导学生在课堂中进行探究式学习。

课中探学

1. 任务一：浏览课文，尝试概括段意，筛选出与研究问题相关的段落，并在下面对应的格子中打钩。

阅读段落	1	2	3	4	5	6	7	8	9	10
与阅读目的无关，或关系不大的内容										
与阅读目的相关，是解决问题的关键										

2. 任务二：阅读课文批注，圈一圈你发现的阅读好方法，和同桌交流，并填写在尝试反馈学习单上。

3. 任务三：选择1~2个关键语段，运用合适的阅读方法进行细读。请将提取到的关键信息填写在尝试反馈学习单的表格中，并说说能够得出什么样的结论。

尝试反馈学习单：关于宇宙生命的研究报告

研究问题：在宇宙中，除地球之外，其他星球上是否还有生命存在？

研究方法：① _____。② _____。
③ _____。④ _____。

研究内容：

研究段落	关键信息	主要采用的阅读方法

研究结论：
_____

例如，任务一是解决如何筛选出有效信息的，在这个过程中学生在不知不觉地运用学过的快速阅读方法：浏览、跳读、粗略地读。这一次，学生在真实的阅读实践中切身自己探一探，感受到快速阅读带来的阅读效率——快速筛选信息。

任务二是基于已经定位的信息，展开精读的探究，这一次不仅仅是阅读方法的综合运用，还是信息的精准定位。在提取关键信息的同时，教师不断鼓励学生尝试运用图表、导图等形式，这是在力图传达信息梳理的意识。学生在小组合作中完成尝试反馈学习单上的内容。

在课堂教学这一板块即将接近尾声时，教师引导学生关注已完成的尝试反馈学习单，学生会恍然大悟，像这样有研究问题、研究方法、研究内容和研究结论的形式，就是五年级学过的研究报告。在这里，学生通过探学、写学，再次唤醒了自己的大脑，对知识进行复盘和应用。

四、板块四：课后写学，迁移运用

通过上一个板块完整的探究，学生已经完全掌握了根据阅读目的，确定了阅读内容，选择了合适的阅读方法，并具有了一定的独立研究的能力。于是，教师布置一个情境体验式的任务，让学生继续边学边写，并将能力内化彻底，引导学生参加"火星移居"微论坛，迁移本节课的核心知识。

课后写学

     尝试反馈学习单：关于"火星移居"计划可行性的研究报告

研究问题："火星移居"计划是否可行？

研究方法：＿＿＿＿＿＿＿＿＿＿＿＿＿＿＿＿＿＿＿＿＿＿＿＿＿＿＿＿＿＿＿＿＿＿＿

研究内容：

研究段落	提取到的关键信息	主要采用的阅读方法

研究结论：

＿＿

＿＿

（袁怡娅，跨塘实小）

  总之，追求以"学为中心"的尝试反馈教学，不仅有扎实的理论基础做铺垫，还有科学的"四学"课程架构做支撑。我们相信在完善的理论建构之下，贴合时代发展更迭及贴合校情、学情实际的读学、玩学、探学、写学，将会给教学之路注入活力，增添光彩。

二、读学：开阔学习视野

  读学是一种以阅读为基础的学习方法，它强调学生通过阅读来获取知识，并在此基础上进行自主学习和独立思考。读学可以帮助学生在理解理论知识的基础上，培养自己的独立思考和解决问题的能力。在读学的过程中，学生可以主动地阅读教科书、课外书和教辅书等读物，从而获取课本知识和其他相关领域的知识。通过阅读，学生可以培养自己的阅读理解能力、逻辑思维能力和问题分析能力。这些能力对于学生的学习和未来的发展都非常重要。

1. 读学的目标和意义

读学的目标包括四个方面：第一，获取知识。读学是一种通过阅读获取知识的方法。学生可以通过阅读教材、课外书籍和其他相关资料，获取学科知识和其他领域的知识。第二，提升阅读和理解能力。读学可以提升学生的阅读和理解能力。通过阅读不同类型的文本和资料，学生可以培养自己的阅读技巧和语言表达能力。第三，培养自主学习和独立思考的能力。读学强调学生的自主学习和独立思考。学生可以自主选择阅读材料，通过独立思考和分析，深入探究问题，从而培养自主学习能力和独立思考能力。第四，培养逻辑思维和解决问题的能力。通过阅读和分析不同类型的文本和资料，学生可以培养自己的逻辑思维能力和分析问题的能力。同时，读学也可以帮助学生掌握解决问题的方法和技能。

读学的意义主要体现在五个方面：第一，提升理解能力。阅读可以帮助学生更好地理解知识。通过阅读，学生可以接触到不同领域的知识和观点，从而更好地理解和分析问题。第二，激发学习兴趣和动力。当学生对某个主题或问题产生兴趣时，他们会自觉地去寻找相关的书籍并主动学习。通过阅读，学生可以深入了解自己感兴趣的领域，进一步提升自己的专业水平。第三，培养自主学习能力。在阅读过程中，学生需要独立思考和分析，从而培养自主学习能力。第四，拓宽视野和增长见识。通过阅读不同类型的书籍和文章，学生可以了解不同领域的知识和文化，拓宽自己的视野，增长自己的见识，提升自己对事物的认知和理解能力。第五，增强语言表达和沟通能力。学生可以学习到不同的语言表达方式和沟通技巧。同时，阅读还可以帮助学生提升自己的语言表达和写作能力。

读学是一种非常有益的学习方法。在实践中，教师可以通过为学生提供优质的读物，培养学生的阅读技巧，鼓励学生主动购买课外书，引导学生养成良好的阅读习惯，激励学生进行有效的读学，有效推进学生深度学习的大力落实。

2. 读学的教学实践

在跨塘实小的实践中，教师先组织学生阅读经典文学作品，引导学生深入理解文本内容和思想内涵；然后，要求学生根据所读作品进行写作，表达自己的观点和感受；最后，开展课堂讨论，鼓励学生互相评改作文，提升写作水平。这种方法不仅培养了学生的阅读和写作能力，还激发了他们的思维活力和文化创新意识。

下面是教师引导学生读学的教学案例。

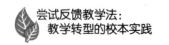

案例二 在小组合作与积分制的实施中快乐读写

怎么引导学生善于读写，乐于读写，是我一直思考的问题。

关于读，我尝试利用同伴互助的形式，让学生尝试在小组合作中发扬个性，自主探究。针对班中不少学生不爱读书的现状，我在班中积极开展"读书笔记"撰写活动，让学生在读中及时记录自己的收获。同时，为了激发学生阅读的兴趣，我尝试在班级中以小组为单位，开展"阅读积分制"评比活动，学生利用积分可以进行抽奖和兑换奖品等。此外，我还通过开展"我最喜欢的读书笔记"展示活动，激发学生对读书笔记进行创新，于是就有了"仿写""文本赏析""小古文积累"等多种形式，我再根据学生的读书质量进行评分，落实到个人积分。

关于写，我同样以小组为单位，进行个人积分与小组总积分评比，优胜小组还可以获得排名积分。之后，我又开展"阶梯式习作评比"活动，将组内写作能力不相上下的学生作品归集到一起，由其他学生来进行现场评议和打分，最终评出优胜小组。而后，为了进一步激发学生的写作兴趣，我在班内组织了"漂流日记活动"，小组成员对漂流日记进行点评，再在每周的作文赏析课上进行分享。此外，我们班级还与其他学校的班级共同组织"笔友"活动。

让读写成为兴趣，让小组合作成为展示个性的方式，让课堂成为学生展现自我的舞台，让学生尝试走出自己的舒适圈，站上讲台……

（谢庆霞，跨塘实小）

案例三 "报告老师，他在桌肚里偷偷看书！"

2023年是我任教的第十一个年头了，对于学科教学，我自认为掌握了它的诀窍。比如问题引入、进行猜想、制订计划、实验探究、汇报总结等，我都可以在一节课内轻松搞定。在教学中，本着不透露学习内容的原则，我很少要求学生翻开科学书去看，只有在开学之初为了了解整个学期的学习计划或者课堂时间有剩余的时候才会去翻书。在科学课上，我讲得很投入，学生听得也很认真。这时，一只小手举了起来。"报告老师，他在桌肚里偷偷看书！"我眉头一皱，走过去，质问道："你在看什么书啊？"看到学生正在桌肚里看科学书，他那被抓包的模样很是窘迫，这让我无法生气。

我只好故作严厉地说:"快把书合上,现在你不用看书,认真听讲即可。还有你,一天到晚不要总是关注别人,有问题课后再说。"剩下的课堂时光就这么风平浪静地过去了。

直到缪校长来我们跨塘实小之前,在我的科学课堂上,科学书还是静静地躺在桌肚里。缪校长来跨塘实小后,请专家给我们介绍了尝试反馈教学法,还开设了示范课。缪校长那句"遇到疑难怎么办,数学书里找答案!"让我忽然明白了我们的科学书也可以利用起来,尝试反馈这种让学生自主学习、解放教师的教学模式在科学课上也可以利用起来了!说干就干。在4月的教研活动中,我上了一节教研课"点亮小灯泡"。课堂伊始,我让学生自己尝试点亮小灯泡,学生一开始尝试并不成功。这个时候该怎么办呢?我们的科学书里就有答案。于是,我组织学生先自学课本,再来解决问题。学生在了解了小灯泡的结构后,再次尝试点亮小灯泡,自然就成功了。原来尝试反馈这条路在我的科学课上也能行得通。课后,缪校长和我们教师进行了深入的研讨,指出可以指定学生自主学习小灯泡的结构,这样可以让学生有针对性地学习,课堂效率会大大提升。以往,学生在遇到困难的时候,就是我们教师出场的时候,现在我把解决困难的机会都还给学生,让他们带着疑问去学、去交流,把被动地接受转换为主动地学习,这就是尝试反馈教学法的魅力所在。在接下来的教研活动中,我还上了一节"岩石和土壤的故事"示范课,利用弓石燕化石作为学生探究石头的书,让学生尝试观察,反馈交流,猜测化石背后的故事。接着,我还提供文字资料,让学生自己阅读,并引申出岩石和土壤背后的故事,这样的读学课堂真的是太有趣了!

此时,我想对那个曾经偷偷看科学书的学生说:"放心,以后你可以光明正大地看科学书了!"

(王雪君,跨塘实小)

总之,读学课程的实施需要教师在课程目标和主题设定、阅读材料选择、课堂讨论和活动组织、阅读方法指导、课堂评估和反馈等方面进行充分的考虑和安排。同时,还需要注重培养学生的自主学习能力。只有这样,才能更好地实现读学课程的目标,提升学生的阅读和理解能力,培养他们的逻辑思维和解决问题能力。

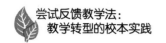
尝试反馈教学法：
教学转型的校本实践

三、玩学：丰富学习历程

瑞士教育家皮亚杰认为：游戏是儿童认识新的复杂客体和事件的方法。席勒说："只有当人游戏的时候，他才是完整的人。"荷兰著名的历史学家赫伊津哈则认为：文明是在游戏中并作为游戏兴起展开的。因此，通过玩学能激发学生学习的积极性，促进多感官参与，激活学生内在的学习驱动力，提升学生外在的表现力和想象力，增强学生的自主性和创新力，进而提升课堂效率。

1. 玩学的目标和意义

玩学的目标应该包括三个要点：一是降低学习难度，培养持久的兴趣。教师以玩学的形式为载体，拉近学生与知识之间的距离，培养学生对学习的浓厚兴趣，为深度学习提供可能。二是促进知识的主动习得和掌握。教师支持学生用喜闻乐见的方式，在潜移默化中习得相关知识和技能，从而加深记忆，内化成自己的知识体系。三是培养逻辑思维和解决问题能力。逻辑思维和解决问题能力包括分析、综合、归纳、演绎等能力，让学生能够更好地思考问题、解决问题，全面提升综合能力。

玩学的意义主要体现在三个方面：一是增强学习趣味。玩学课堂也是趣味教学当中的一种，教师通过玩学课堂的创建，能够更加契合学生当前活泼好动的特点，让课堂不再沉闷和单一，而是更加多元和丰富。二是转变学习方式。教师通过玩学课堂的创建，能够进一步地凸显学生在课程当中的主体地位，让学生的学习方式得到转变，使其成为真正的小主人，达到理想中最佳的教育效果。三是提高学习效率。教师通过玩学教学，能够真正做到化抽象为具象，让学生在学习的过程当中化被动为主动。这样就可以在无形当中增强学生的自学能力、合作意识，让学生的学习质量和效率得到进一步的提升。

2. 玩学的教学实践

玩学的教学实践是一种创新的教学方式，它将游戏和学习相结合，通过引导学生参与有趣的游戏和活动，激发学生的学习兴趣和动力，促进学生自主学习和深度思考。这种教学方式旨在让学生在轻松愉悦的氛围中掌握知识和技能，增强学习效果，培养学生的创新思维和实践能力。在玩学的教学实践中，教师需要设计有趣的游戏和活动，引导学生积极参与，并及时给予反馈和指导，以帮助学生实现自主学习和合作学习。

下面列举教师引导学生玩学的教学案例。

案例四　数学游戏——"数字接龙"

什么是"数学接龙"呢？就是先写一个一位数，然后再写出这个一位数的倍数，最后一直写下去。按一年级数学课标的要求，至少可以写到100以内最大的那个数。如：2，4，6，8，10，…；3，6，9，12，15，…；9，18，27，36，45，…。对于这件事，可能教师或家长会说："这有什么！"但是只要你先做起来，就能发现其中的奥秘和巨大的作用。

上课伊始，按照学校推行的尝试反馈教学法中小学数学"七步走"的要求，开始就是"预热训练"，即基本训练。于是，我就先给学生示范，再鼓励他们去写，于是"数字接龙"开始了。

2，4，6，8，10，…，100；3，6，9，12，15，…，99；4，8，12，16，20，…，100；5，10，15，20，25，…，100。就这样，学生可以一直写下去。

有学生问："老师，我已经写到100了，能不能再写下去呢？"我说："可以。你写得快，现在的时间不要浪费了，抓紧继续往后写吧！"

于是，有学生写到120和140，甚至200以上，他们写得既快又好，他们在写的过程中获得了双重满足！一是他们在写的过程中理解了数序、数列，理解了"数感"。二是他们在写的过程中领悟了秩序、循环、反复、递进的"整齐美""秩序美""冷静美"——而这些恰恰是"数学美"独特的表现。

有的学生在写的过程中还发现2和5的"数字接龙"的独特之处，一个是双数，一个是个位上0和5重复出现。这可是为今后中高年级学习"因数和倍数"打下了良好的基础。

对于为什么做这个事情？其实在上面的教学实践中已经有了一些答案，这里再做一番总结。我觉得它的作用主要体现在下面几个方面：

第一，培养学生的"数感"。说起"数感"，顾名思义，就是对数字、数值的感觉，如同"乐感""美感"一样。具体而言，"数感"是指个体对数字、数量及它们之间关系的直观理解和敏感度。

第二，加强学生对"倍数"概念的理解。我通过数学活动来引导学生积累学习数学知识的经验，对其今后学习其他数学概念是很有帮助的。当然，我在课堂上提了"倍数"这个概念，还要学生写一写"倍数"这个词语，让他们对这个新概念有一种"亲切感"。

第三，加强"因数和倍数""约分和通分"的渗透式学习。当学生对于10以内数的倍数十分熟悉之后，在高年级学习"因数和倍数""约分和通分"时就会理解了。

第四，加大对"数学美"的渗透。学生一边写着数字，一边看着数字一点一点地增大，他们很新奇、很兴奋。他们可能会兴奋地告诉同伴们，他们已经写到480了，接着又写到506了，之后又写到808了……如果这时教师和父母加以鼓励，他们会写得更加起劲。

第五，培养学生"找规律"的本领。我并没有给他们讲我发现的规律，而是让他们在写的过程中自己慢慢去体验，慢慢去体会，慢慢去发现其中的规律。

第六，通过另一种方法练习口算。我每天让学生进行"数字接龙"，就是让学生练习进位加法的口算，而且是有规律地进行训练，这样可以让学生把学到的知识结构化。如果我把这个"数字接龙"游戏反向操作，即学生以递减的形式将数字一直写下去，那么最小的数会是几呢？

上面这个"数字接龙"游戏，我们可以推而广之，学生一定会跃跃欲试、争先恐后……这不正是我们的教师、我们的家长希望看到的学生理想的学习状态吗？

（缪建平，跨塘实小）

案例五　科学好好玩

本节课我围绕柠檬设计了两个小实验，让学生经历猜想、尝试、反馈等一系列过程，并与学生共度了一次散发着柠檬清香的魔法之旅。

（1）实验一：气球爆炸。

如果想让一个气球爆炸，学生都知道可以用尖锐的物品来扎破气球。那么如何利用柠檬让气球爆炸呢？有一名学生说可以用柠檬皮挤出的汁液。我请了两名学生一起上台进行实验，让他们将柠檬汁一滴一滴挤到气球上。可是不管他们挤出多少汁液，气球都没有爆炸。没想到，他们第一次尝试就失败了。我开始用排除法引导学生思考实验失败的原因。假设柠檬皮的汁液是能够让气球爆炸的，那么，实验失败的原因可能就在气球上。这时，有一名学生提出可以把气球吹得再大一点，这样可以把气球的橡胶皮撑得薄一点。第二次实验开始，我让学生选择了一个更大的气球，并将它和刚才的气球进行对比实验，结果更大的气球瞬间爆炸了。实验结束，学生不禁思考：那么其他的水果皮是否也有这种魔法呢？我把这个问题作为家庭实验的谜题，让学生的学习兴趣和热情继续延伸至课后。

（2）实验二："无字天书"。

课上，我拿出提前写好的"无字天书"，让学生反复确认纸上没有字之后，开始将其放在火上烘烤，没过一会儿字就出现了。学生纷纷向我讨教"无字天书"上出现字的做法，我便向学生揭秘了柠檬的另一种魔法。由于纸张在烘烤时很容易被点燃，为了安全起见，"无字天书"由我亲自烘烤，原来纸上写的字是"科学好好玩"。

科学是有趣的，让学生爱上科学，是我设置这个课程的目的，让学生在做实验的过程中，提升动手能力，培养探究习惯，获得科学素养，也让学生也能够"好好玩科学"。

（陆怡，跨塘实小）

通过以上的玩学课程，学生可以在丰富多彩的游戏中，培养学习的兴趣及探究、交流、讨论与验证等科学素养。总之，玩学既是尝试反馈教学法中的一种重要方式，也是学生玩与学的载体，将学生精神层面对玩的需求与社会对学生学的诉求相互融合，实现了学生在玩中爱学、在玩中慧学、在玩中恒学。教师加强玩学课堂的建设是非常重要的。这样可以使得课程教学在开展的过程当中充满趣味性，达到理想中最佳的教学效果。所以，在教学开展的过程当中，教师应该加强情境创设，引入趣味游戏，鼓励动手操作，贴合实际生活，将理论结合实际，让玩学课堂发挥真正的作用。

四、探学：促进思维进阶

什么是探学？

探是探究，学是学习，如果将二者结合在一起便形成了探究学习样态。尝试反馈教学法教学模式中新课探究环节就是引导学生从任务要求或问题出发，通过形式多样的探究活动，经历知识生成的过程，获得基本探究经验，感悟基本数学思想，培养积极探究的情感和能力。

探学可以指一种学习方式，它强调主动探索和积极学习，鼓励学生通过自我驱动和自主探究的方式获取知识和技能。这种学习方式强调实践和应用，注重培养学生独立思考和解决问题的能力。探学也可以指一种教育理念，它认为学习是一种主动的、个性化的、持续的过程，强调学生应该

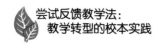

积极参与到自己的学习过程中,成为知识的探索者和创造者。这种教育理念注重培养学生的创新思维和批判性思维能力,帮助他们成为终身学习者。

1. 探学的目标和意义

探学的目标主要有四点:一是保护学生的好奇心和探究精神,培养他们的科学素养和创新意识。二是提升学生的自主学习能力和解决问题能力,让他们学会独立思考、发现问题、解决问题。三是培养学生的创新思维和实践能力,让他们亲身体验知识的发现和运用过程。四是促进学生的个性发展和全面成长,发挥每名学生的优势和潜力。

探学的意义主要有四个方面:一是探学有助于培养学生的综合素质和跨学科思维能力,提升他们的学习效果和未来的竞争力。二是探学能够激发学生的学习兴趣,增强他们的学习动力和自信心,让他们更加热爱学习、热爱生活。三是探学有助于培养学生的创新精神和实践能力,为未来的科技创新和社会发展提供更多的人才支撑。四是探学能够促进学校教育教学改革,提升教育教学的质量和水平,为培养更多的优秀人才做出贡献。

2. 探学的教学实践

探学要求教师创造一个积极的、充满乐趣的学习环境,引导学生主动提出问题、思考问题,并尝试解决问题;要求教师将所教授的知识与实际生活相联系,让学生通过实践和应用来更好地理解和掌握知识;可以组织学生进行实验、制作、游戏等活动,通过作业、考试、作品展示等方式,让学生了解自己的学习情况和进度,从而激发学生的学习动力和探究精神,培养学生的实践精神和创新意识。

下面结合教学实践列举几个探学的案例,供教师在日常教学中参考。

案例六　探植树之形,育模型之树

思维进阶是指从低阶思维到高阶思维的过程,也是将知识内化为核心素养的一种历程。在人教版小学数学五年级上册"数学广角——植树问题"一课中,我带领学生在读、猜、画、说、写等探究过程中将思维可视化,进而促进学生的思维进阶。

(1) 创设情境,理解"间隔"的含义。

每2名学生之间的空间,在数学上我们把它叫作"间隔"。例如,3名学生之间产生了2个"间隔",那么一列有几名学生?

先尝试读题,让思维可视化;再尝试练习,探究新知识。为了美化环境，学生在全长20米的小路一边植树，每隔5米栽1棵，一共要栽多少棵？这道题，你看懂了吗？你还发现了什么？

(2) 操作实践，感悟规律。

猜一猜：$20 \div 5 = 4$（棵）。这道题这样做正确吗？你想怎么验证？

画一画：

说一说：汇报种树过程，再说明为什么这段路的总长度都是20米，但所栽的树数量不一样。

议一议：通过观察发现，植树问题有三种情况：两端都栽；一端栽；两端都不栽。

(3) 思维进阶，拓展延伸。

师：植树问题可以延伸到生活中类似的问题，比如安装路灯、设置电线杆、爬楼梯等。

(王秀萍，新疆伊犁州霍尔果斯市丝路小学)

案例七 小学科学"我们关心天气"

例如，在教科版小学科学三年级上册"我们关心天气"一课中，我引导学生认识天气，把握天气特点，通过简单的信息发布过程，培养学生的合作与表达能力。

(1) 创设情境，认识气象图标。

在我们的日常生活中，天气的类型多种多样，你知道有哪些类型的天气？在气象学中，为了把这些天气在地图上展现得一目了然，专家设计了很多简明生动的图标，带领学生观察天气的图标，发现各个图标之间的异同。

(2) 使用图标，明确预备内容。

请大家打开天气预报卡，通过小组合作的形式，一起来准备一下天气预报员的播报稿吧！出示要求：一是对照收集卡的信息，完善专业气象数据。二是对照专业气象数据，填写生活气象数据和温馨提示。

学生在小组合作之后进行展示交流，同时请其他小组进行补充。

(3) 尝试演练，学会播报技能。

观看视频，学生学习如何播报天气，教师重点从语言、姿势、动作、内容等方面介绍播报技能。

学生尝试进行一次播报技能的实战演练。小组成员之间可以先试试，一名学生练习当天气预报员,另一名学生充当大屏幕,展示天气预报卡,其他学生作为观众,轮流练一练,并且以小组为单位推选出一名最佳天气预报员来进行播报。

学生先展示汇报,其他学生进行评价,教师再做适当点拨和评价,要求学生能联系生活实际,根据不同的天气情况做出不同的准备,增强学生在雷、雨、雪等天气出行的安全意识。

(徐苏琪,跨塘实小)

五、写学:提升省思水平

什么是写学?

写学,就是以写助学,以写促学。学生一定要动笔去写,通过写作实践和反思,提升省思水平,促进知识的内化与思维的深化。写学不仅强调写作技巧和表达能力,还注重在写作过程中的反思和修改。学生通过不断的写作练习和反思,使思维更加清晰和敏锐。因此,写学是一个综合性的学习过程,旨在通过写作促进学生对知识的获取、整理、应用和创新。

不同的学科可以运用不同的写学形式。例如,在语文课程中,教师可以通过读书笔记、读后感、文学评论、诗歌创作等方式进行写学,以帮助学生更加深入地理解文学作品,提升阅读能力和写作能力。在数学课程中,教师可以通过解题过程、解题思路、数学小论文等方式进行写学,以帮助学生更好地理解和掌握数学知识,培养数学思维和解决问题能力。在美术课程中,教师可以通过艺术评论、创作心得、画作解析等方式进行写学,以帮助学生更加深入地理解艺术作品和创作过程,提升艺术鉴赏能力和创作能力。

1. 写学的目标与意义

写学的目标是我们教学的指南,具体归结为三点:一是促进知识掌握,融会贯通。通过写学,学生可以更加深入理解和掌握相关知识,将其内化为自己的知识,为日后的学习和实践打下坚实的基础。二是提升思维能力,加强反思。写学旨在培养学生的思维能力,包括分析、综合、归纳、演绎等能力,让学生更好地理解问题,提出解决方案,提升创新能力和解决问题能力。三是塑造情感态度和价值观,提升素养。写学旨在让学生主动表达自己的观点和情感,形成自己的态度和价值观。

写学的意义重大,主要体现在三个方面:一是写学可以提升学生的省思水平,培养他们的反省和批判思维能力,有助于他们更好地适应社会发展的需求。二是写学是思维活动中监控、调节的重要形式，有助于培养学生的思维品质和思考习惯。三是写学能够帮助学生形成正确的情感态度和价值观，提升他们的素养，促进他们的全面发展和个人成长。

随着社会的进步和教育理念的更新，我们越来越认识到培养学生省思能力的重要性。写学逐渐成为一种可以提升学生省思水平的有效途径。同时，写学既是调节思维活动的重要形式，也是反映思维活动的重要手段。

2. 写学的教学实践

根据学科特点和学生的认知水平，选择适合学生写学的主题和内容，帮助他们更好地理解和掌握所学内容。同时，也要根据学生的实际情况和反馈，不断调整和优化写学内容，确保写学效果的最大化。写学与各学科课标强调的"回顾反思"相对应，就是鼓励学生在课堂和课外多进行学习总结与反思，进而培养学生学科反思能力和元认知能力。学科摘要、学科小报、错题卡、提问卡、问题研究卡、学思笔记、思维导图等都是写学的辅助工具。

下面列举几个学科教学的实践案例，以供教师参考。

案例八 "萌小说"创写项目系统架构与实践

多年来，跨塘实小坚持开展"萌小说"创写项目教学实验。学生在自主表达中依循自己的内心，适时地抒发情感；在自由表达中设计独特的故事角色、生动有趣的故事情节，也在创造性表达中逐渐形成属于自己的语言风格，让语言成为绘就童年梦幻的翅膀。下面是"萌小说"创写项目实施整体架构（表3-1）。

表3-1 "萌小说"创写项目实施整体架构

年段	主题	项目名称	目标指向
一年级	上	读写绘	图画背后的故事	观察一张图画，说清画面内容，并根据画面发挥想象力，把人和事的一些细节说得清楚、连贯
	下		补图编故事	观察已有的一张或几张图画，根据故事的前后联系，发挥想象力，补充前因后果，让故事情节更完整
二年级	上		想象画立体鲜活	观察几幅连贯的图画，想象画面中角色的语言、动作、心理等，让画面更丰富，让故事情节更生动
	下		绘本我来编	阅读绘本，发挥想象力，构思情节和人物，模仿绘本进行个性化的续编、改编、创编，提升创意表达力

续表

年段		主题	项目名称	目标指向
三年级	上	童话故事	趣编童话故事	阅读短篇童话，了解童话的基本特点，感受童话的趣味性，并试着创写简单的童话故事，写清故事发生的时间、地点、人物
	下		童话故事奇思妙想	阅读短篇童话，以童话中的"奇思妙想"为切入点，引导学生阅读和欣赏童话，并通过"反复、颠倒、夸张"等修辞手法开展奇思妙想，创写奇妙故事
四年级	上		童话故事中真善美	阅读长篇童话故事，体会美好的人物形象、真挚的内心情感、真善美的主题特征。利用"如何围绕真善美的主题，设计单篇或章回童话"这一驱动性问题，引领学生的审美取向，激发学生的想象力、构思力、表达力，最终创写出属于自己的美丽童话
	下		多种方法塑造人物	阅读长篇童话，感受真善美的人物形象，体会人物塑造的方法，并尝试运用多种方法设计故事中的人物，让童话人物鲜活起来，让故事情节生动起来
五年级	上	小说欣赏与创写	短篇历险小说欣赏与创写	阅读短篇小说，用"小说三要素"这一关键概念，引导学生认识小说，学会从多角度欣赏小说，分析小说中的人物形象；用"怎样设计小说中的人物、情节和环境"这个本质性问题，重构已有课文；用"如何创写历险或探险小说"这一驱动性问题，激发学生的想象力、构思力、表达力，激发学生的创造性思维，最终创写出属于自己的短篇历险小说
	下		长篇历险小说欣赏与创写	阅读长篇历险小说，了解长篇历险小说的特点，感受故事情节的一波三折、惊险刺激，并体会作者是如何通过曲折的情节来塑造人物形象的。此外，引导学生模仿经典作品，在创编短篇历险小说的基础上，进一步构思情节，创写出惊险、刺激的长篇历险小说
六年级	上		校园小说欣赏与创写	阅读经典的校园小说，对比其他类型的小说，感知校园小说的特点；模仿经典作品，结合自己的生活实际，发挥想象力，创写出属于自己的校园小说
	下		科幻小说欣赏与创写	阅读经典的科幻小说，体会科幻小说中未来的人、未来的事、未来的景、未来的物，以及作者是如何基于现代科学技术对未来进行畅想的，学习科幻小说创写的基本方法。尝试通过先确立主题，再设计人物，然后构思情节，最后加上未来的科技元素，创写出属于自己的科幻小说

（"萌小说"创写项目研究小组，跨塘实小）

案例九　让诗歌成为儿童创意表达的故园

现代诗歌作为一种具有独特魅力的文学形式，不受传统韵律的约束，形式自由，内涵丰富，易于自主创作。因此，学习现代诗不仅要引导学生读懂诗意，体悟诗情，还要让学生在这个过程中积累语言、习得方法、尝试创作，进行有创意的表达。

冰心的《繁星》系列短小精悍，易懂有味，很适合学生进行仿写创作。教学《繁星》时，教师是这样推动学生一步步落笔仿写的：首先，读好三首短诗，读出韵律节奏，感悟韵律之美，发现诗歌朗朗上口的秘诀，为学生有意识地揣度写诗的基本框架、遣词用字打下基础。其次，通过走近作者、了解写诗背景、抓住关键词句、想象画面、联系生活，从而有层次地加深理解，入情入境地朗读，读出共鸣，引发共情，关联自己的生活经验。最后，抛出仿写的橄榄枝，学生便会自然而然地接受，不必苦思冥想该用什么作为题材。在下笔之前，进行素材的交流也是有必要的。例如，我向学生提问："此时此刻，你们想起了自己童年哪些难忘的回忆？想起了哪些带给你们温暖的人或重要的景物？谁来说一说？"学生争相回忆，教师"添把柴、加些火"，使学生的创作源泉更加丰富，学生便会文思泉涌了。

模仿是孩子的天性，示范是最好的语言。学生模仿课文进行诗歌创作，既满足了学生语言发展的需求，又给了学生很好的示范，一举两得。教师要重视诗歌教学中的创写环节，在课堂上就将此作为落实的终点，以终为始，以学生的创意表达为最终指向，课堂前半部分的朗读、理解、感悟才更有方向。尽管模仿只是初级的，但习得方法后，课后以此为起点，学生才有创新的可能。

总而言之，在多样的语言实践活动中，紧扣读、悟、写，搭建学习支架，有层次地将现代诗歌的学习变为螺旋上升的良性循环，现代诗歌便将成为儿童创意表达的故园。

（袁怡娅，跨塘实小）

总之，写学是尝试反馈教学法中的一种重要方式，能够促进学生的全面发展，包括知识水平、能力水平的提升。写学让学生可以更好地理解和掌握相关的知识和技能，将其内化为自己的知识和技能，为日后的学习和实践打下坚实的基础。同时，写学也能够培养学生的思维能力，让他们能够更好地理解问题,并提出解决方案,提升他们的创新能力和解决问题能力。此外,写学还可以帮助学生表达自己的观点和情感,提升省思水平。长此以往,写学有助于学生实现核心素养的全面提升。

六、"小先生"成长计划

为了更好地促进学生自主学习,提升学生学习的动力,使学生真正成为学习的主人,跨塘实小在2021年秋季启动了"小先生"成长计划。我们希望每一名"跨小娃"都能"脚踏实地、且行且思、即知即传人",做"有梦想、善学习,增本领"的"小先生"。

1. "小先生"成长计划的理论基础

(1)"行知"理论。

陶行知是中国伟大的人民教育家,他30年的教育实践给我们留下了浩如烟海的教育理论:"生活教育""平民教育""乡村教育""民主教育"等。这些教育理论被人们广为流传,由他所开创的"小先生制"教育实践模式,也成为当时普及教育重要的钥匙,如今我们反观他的这一教育实践模式,可以发现它对现代教育实践仍然有着很强的指导意义。

"小先生制"的教育精髓是"即知即传人",指的是人人都要将自己认识的字和学到的文化随时随地教给别人。正如陶先生所昭示的那样:教学生学,即要把教与学联系起来,先生教给学生解决问题的方法和改造社会的能力,学生能运用这种方法和能力,去适应新环境,解决新问题,离开先生也能单独做事。尤其重要的是"小先生"的责任不只是在教人识字、学文化,还在教自己的学生做"小先生"。正如陶行知先生所讲,"要把教育和知识变成空气一样,弥漫于宇宙,洗荡于乾坤,普及众生,人人有得呼吸"。跨塘实小的"小先生"成长计划便是受陶行知"小先生制"教育思想的启发,结合学校教学改革现状、学生学习需求而开始尝试的一种新型的教与学的模式。

(2)"学习金字塔"理论。

"学习金字塔"理论最早是由美国学者爱德加·戴尔于1946年首先发现并提出来的。它是一种现代学习方式的理论,它用数字形式形象揭示了采用不同的学习方式,学习者在两周以后还能记住内容(平均学习保持率)的多少。

第一种,学习方式是"听讲",也就是教师在讲台上说,学生在讲台下听,这是我们最熟悉、最常用的一种方式。虽然这种方式处于塔尖,但学习效果是最低的。两周以后,学生只能记住5%的学习内容。

第二种,通过"阅读"的方式,学生可以记住10%的学习内容。

第三种,运用"声音、图片"进行学习,学生可以记住20%的学习内容。

第四种,采用"示范"这种学习方式,学生可以记住30%的学习内容。

第五种,通过"小组讨论"的方式,学生可以记住50%的学习内容。

第六种,在"做中学"或"实际演练",学生可以记住75%的学习内容。

第七种,处于金字塔基座的学习方式,是"教授他人"或者"马上应用",学生可以记住90%的学习内容。我们的"小先生"成长计划,倡导的就是让学生在"教授他人"的过程中使学习效率实现最大化的一种学习模式。

2."小先生"成长计划的培养目标

点燃学习的梦想,收获学习的快乐。在梦想教育的引领下,学校借助尝试反馈教学项目,以陶行知先生"即知即传人"的教育思想为指导,采用"学习金字塔"的学习方式,推出"小先生"成长计划,培养出"有梦想、善学习、增本领"的"跨小娃"。

(1)"有梦想":敢于有梦,勇于追梦,勤于圆梦。

鼓励每一个"跨小娃"都怀揣梦想。怀有梦想,脚踏实地,好好读书,让梦想成真。通过不懈努力,慢慢靠近自己的目标,使自己的梦想得以实现,为实现中国梦增添力量。

(2)"善学习":热爱学习,乐于学习,敢于学习。

相信每一个"跨小娃"都拥有"善学习"的品质。学会学习,掌握方法,快乐学习,积跬步至千里。依靠点滴进步,发挥"善学习"的能力,让"乐学、勤学、善学、博学"的学风,润物无声地相伴成长。

(3)"增本领":积累智慧,学会表达,陶铸素养。

激励每一个"跨小娃"都收获"小先生"的真本领。学会表达,锻炼表达能力,提升演讲能力。懂得合作,培养合作能力,增强集体荣誉感。重视书写,提升书写素养,增强文化自信。

我们要铭记陶行知的教育名言:"小孩子最好的先生,不是我,也不是你,是小孩子队伍里最进步的小孩子!""帮助进步的小孩子格外进步,由他们'联合自动',领导全体小孩子及时代落伍的成人一同进步!"

3. "小先生"成长计划的评价机制

法国教育家第斯多惠曾说过:"教学艺术的本质不在于传授,而在于激励、唤醒和鼓舞。"为促进"小先生"投入竞争的良性循环中,跨塘实小"小先生制"的评价以激励、唤醒和鼓励为主,鼓励每一个"跨小娃"都朝着"小先生"的梦想努力前行,收获"小先生"的真本领。学校通过树立典型、表彰先进,让典型、先进带动更多的"跨小娃"一起来做"跨小小先生",让每一个"跨小娃"都能在"小先生讲学"活动中,学会学习,掌握方法,健康成长。

"小先生制"课程将采用过程性评价和终极性评价相结合的方式进行。

(1) 过程性评价。

过程性评价包括为每一位"小先生"建立档案(含微信公众号相关推送内容),关注"小先生"对讲学课程的学习兴趣、学科素养、口语表达、听后感受等。

在基础课程实施过程中,主要表现形式有以下几种:

① 积极参与学校"小先生制"活动。"小先生"的表达能力有所提升。"小先生"讲学时,能做到精神饱满、自然大方、语言顺畅、声音洪亮、表述准确、声情并茂。

② 培养学生的倾听习惯。"小先生"讲学时,能做到认真倾听,思维活跃,积极参与点评、质疑、纠错,发现"小先生"的优点。

③ "小先生"的学科素养得到提升。在拓展课程实施过程中,主要表现形式有:积极参与学校"小先生制"活动。"小先生"的讲学能够契合学校的文化特色,使其成为一名文化传播的"小使者";"小先生"的讲学能够引导感兴趣的学生进行自主学习。

在研究性课程实施过程中,主要表现形式有:积极参与学校"小先生制"活动。"小先生"讲学的主题有一定的研究价值,能训练学生的思维。"小先生"的讲学方式有创意,能引导学生进行有效的自主学习。

(2) 终极性评价。

终极性评价主要是指学校星级"小先生"评选,包括学期优秀"小先生"、年度优秀"小先生"、三星级"小先生"、四星级"小先生"、五星级"小先生"。

① 学期优秀"小先生":一学期内至少进行一次班级授课;录制一个高质量的讲学视频。

② 年度优秀"小先生":一学年内至少进行两次班级授课;录制两个高质量的讲学视频。

③ 三星级"小先生":获评年度优秀"小先生";录制三门学科的讲学视频。

④ 四星级"小先生":获评三星级"小先生";录制五门学科的讲学视频。

⑤ 五星级"小先生":获评四星级"小先生";针对某一个主题,录制系列化的讲学视频十期。

(3) 评选流程。

本着公平、公正的原则,学校星级"小先生"的评选工作要遵循以下流程:宣传→学生自主申报→班级初审→年级复审→学校终审→公示→颁发证书→宣传展示,具体如下:

① 宣传:班主任利用班会课解读学校"人人争当'小先生',快乐学习365"跨塘实小星级"小先生"评选方案。

② 学生自主申报。

③ 班主任收集材料,进行班级初审,审核通过者将材料移交至年级组。

④ 年级组汇总材料,进行年级复审,审核通过者将材料移交至科研处。

⑤ 科研处根据材料进行终审后,上报校长室,之后进行公示。

⑥ 德育处利用国旗下讲话颁发证书。

⑦ 学校微信公众号对"'小先生'成长计划"进行宣传。

下面是学校某一班级"小先生"的培养案例。

案例十 我们都是班级小主人

陶行知先生曾写过一首小诗:"人人都说小孩小,谁知人小心不小。你若小看小孩子,便比小孩还要小。"的确,随着时代发展,当今的学生越来越具有个性化、自主化和复杂化。他们渴望被重视,希望有更多机会能发挥潜力,展示自我,得到大家的认可。因此,作为一名班主任,我践行陶行知先生的"小先生制",努力让学生成为班级的"小主人"。

小学二年级时,我与班级的"小先生"们一起商讨班规,共制定了五条"我们的公约":遵守校纪校规,学习你追我赶,安全知识常备,卫生人

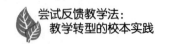

人护卫，文明让心更美。这些简洁明了的文字内容，涵盖了学生在校学习和生活的多个方面，具有很强的针对性、实效性。因为我是和"小先生"们一起商讨、制定的班规，所以他们感受到的是自己对自己的约束，同时我强调在班规面前人人平等，充分发挥班规的作用。

在班级标志的设计上，班规、班训等的制定上，我让每位"小先生"都自己动脑筋，人人都当设计师。例如，在四（1）班班级文化布置说明中，大家最先商讨的是班级最缺的东西。很多学生都说缺一股子韧劲，于是大家就决定以竹子来陶冶情操。接着，我让他们去查找与竹子相关的古诗词、名人故事等，他们个个争当"小先生"，为全班学生讲述竹子的气节。

有的"小先生"向同学们讲述：在中国，竹子与梅、兰、菊并称"花中四君子"，它以中间空、有节、挺拔的特性历来为中国人所称道，成为中国人所推崇的谦虚、有气节、刚直不阿等美德的生动写照。

有的"小先生"向同学们介绍了竹子在中国古代诗词中的地位很高，而且在中国文人的理想世界里，它被赋予了崇高的品格。在《诗经·卫风·淇奥》中就是用竹子来起兴，用竹子的整个生长过程来说明伟大人格的形成过程。

还有的"小先生"分享了"竹林七贤"的故事，既用竹林来反映这七个文人的人品，又将七个文人的文采附着在竹子身上，展现了人与自然相互映照。

最后，我们确定了班名：新竹班；班训：青青翠竹，坚韧不拔；班风：正直、向上、诚信、奉献；设计理念：竹节、竹品映风骨。

（宋敏芳，跨塘实小）

4. "小先生"成长计划的阶段成果

2021年11月，跨塘实小的《"小先生"成长计划宣言书》的成功发布，开启了"跨小娃"幸福学习的闪光历程。讲古诗文、讲数独、讲船拳……自信阳光、儒雅大方、善思会讲的"小先生"已成为跨塘实小靓丽的身影。近年来，学校共评选出600名优秀的"小先生"，近70期"小先生讲学视频"在学校微信公众号上推出，受到学生、家长的一致好评。《"小先生"，大学习——跨塘实验小学"小先生"成长计划实践案例》被评为苏州工业园区"双减"工作典型案例特等奖。苏州电视台也以《"小先生"开讲啦——跨塘实小推出快乐"小先生"培养工程》为题进行了专题报道。

化知识为智慧，积文化于品行。"小先生"培养工程既着眼当下，又指向未来。从"育分"走向"育人"，"跨小娃"自由蓬勃地生长，各展其长，各美其美，在他们的逐梦路上，各有星光领航。"跨小娃"素养的方方面面也在静悄悄地发生变化。

"跨小娃"的认知层次发生了变化，他们不是"为学而学"，而是"为教而学"。从"解得出"到"讲得好"，把学到的知识进行内化，再把内化的知识进行创新。教师时时处处给予"小先生"实践的机会，把学习的主动权真正还给学生，让拥有不同认知能力的学生得以发展、成长。正如陶行知先生所说"小孩子最好的先生，不是我，也不是你，是小孩子自己队伍里最进步的小孩子"。

"跨小娃"的学习体验发生了变化，从"坐着解"到"站着讲"，从被动走向主动，学习积极性不断提高。"小先生"系统地梳理、筛选所讲内容，如同教师备课，还查阅相关资料进行知识拓展，同时反复练习试讲，对知识点有更深入的理解。"小先生"只有透彻领悟相关知识，才能自信展示自我。

"跨小娃"的学习内涵发生了变化，从"学知识"到"展素质"，不仅习得知识，还提升素养。"小先生"在教的过程中，通过反思、质疑、讨论等高阶思维活动，最终将知识真正内化为才智，同时提升自主、合作、探究等能力。

"跨小娃"的学习动力发生了变化，从"不敢讲"到"主动讲"，增强主动性，提升内驱力。学校通过开展一系列"小先生"讲学活动，不仅可以提升学生的语言组织和表达能力，还可以增强学生的自信心，与学生共同见证成果。

第四章

尝试反馈教学的作业样态

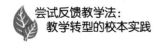

尝试反馈教学的作业样态是指教师在教学过程中，通过设计多样化的、有针对性的作业形式，鼓励学生尝试运用所学知识和技能，培养解决问题的能力和创造力，以巩固和拓展学生的知识和技能，提高学习效率的一种教学策略。这种作业样态具有针对性、探究性、开放性、实践性和激励性等特点，能够满足学生的学习需求，促进学生的全面发展。同时，这种作业样态也为教师提供了评估学生学习情况和反馈教学效果的重要手段，帮助教师更好地调整教学策略和方法，提升教学质量。

在"双减"政策中，关于作业设计明确要求：充分发挥作业的育人功能，切实减轻学生的作业负担，提升作业设计质量。作业是对课堂教学的巩固与延伸，优化作业设计，能有效激发学生学习的积极性，提升教学质量。

自跨塘实小践行尝试反馈教学以来，建立多元作业体制，设计并推行尝试反馈学习单、提问卡、错题卡、问题研究卡、学思笔记，创新层次，创新形式，创新评价，借助"三卡一笔记"，将零碎的知识通过统整的方式使思维结构化，从而帮助学生厘清具有结构化的知识，让作业变得更精准、更精简、更精彩，在"一精到底"中，逐渐构建学校尝试反馈教学的作业样态，发展学生自主辨析、发现问题、自我纠错、自主研究、自主学习等能力，培养学生的高阶思维能力，在"减负"前提下实现全方位育人，使各类学生都能在最近发展区内自由成长，为提升学校教育教学质量赋能。

一、尝试反馈学习单：创新教学的工具

尝试反馈学习单是一种创新的教学工具，旨在促进学生的自主学习和深度思考，同时为教师提供及时的教学反馈和评估。这种学习单通过引导学生进行尝试、实践和反馈，帮助他们更好地掌握知识和技能，提升学习效率。

在尝试反馈学习单的运用中，学生可以充分发挥自己的主体作用，通

过主动参与、探究发现、合作学习等方式,实现知识的有效获取和技能的系统提升。这种学习单不仅关注学生的知识掌握情况,还重视他们的学习过程和思考能力的发展,有助于培养他们的创新思维和实践能力。

(一) 尝试反馈学习单的内涵与设计

对于教师而言,尝试反馈学习单也是一种重要的教学工具。它可以帮助教师更好地了解学生的学习情况和需求,及时调整教学策略和方法,提升教学质量。同时,尝试反馈学习单还可以作为教师评估学生学习情况的依据,帮助他们更好地指导学生,促进学生的全面发展。

一般说来,尝试反馈教学主要包括三大模块,即"课前引学、课中探学、课后延学"。

在"课前引学"中,尝试反馈学习单包括引导学生进行预习和初步了解与学习内容相关的问题或活动。这些问题或活动的设计能够激发学生的学习兴趣和好奇心,帮助他们建立对学习内容的初步认知。

在"课中探学"中,尝试反馈学习单包括一系列关于课堂学习的问题或活动,旨在引导学生进行自主探究和合作学习。这些问题或活动的设计能够激发学生的兴趣和创造力,促进他们的自主学习和合作学习能力的培养。同时,尝试反馈学习单还包括对学生学习成果的评估和反馈,以便教师及时了解学生的学习情况和需求,调整教学策略和方法。

在"课后延学"中,尝试反馈学习单包括一些拓展性学习的问题或活动,旨在引导学生对学习内容进行进一步的探究和实践。这些问题或活动的设计能够激发学生的思维和实践能力,促进他们的全面发展。

总之,尝试反馈学习单的设计应该充分考虑"课前引学、课中探学、课后延学"三大模块的内容和要求,引导学生注重自主学习、合作学习、深度思考和实践能力的发展,提升他们的学习效率。同时,尝试反馈学习单还应该为教师提供及时的教学反馈和评估,以便更好地指导学生,促进他们不断成长。

(二) 尝试反馈学习单的实践案例

尝试反馈学习单是教学策略中的一种创新工具,专为提升学生的学习积极性和参与度而设计。它以尝试、实践、反馈和调整为核心,鼓励学生主动参与学习过程,培养学生的自主探究和解决问题能力。同时,尝试反馈学习单也为教师提供了实时的教学反馈,帮助他们更好地理解学生的学

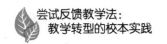

习需求和困难,从而调整教学策略,提升教学质量。

尝试反馈学习单的应用将会推动教与学的共同发展。通过引导学生积极参与、尝试探究、反馈调整,尝试反馈学习单不仅能够提升学生的学习效率,还能够促进教师的专业发展。这种学习单的设计与应用将带来积极的教学变革,推动教育向更高效、更个性化的方向发展。

接下来,我们将列举几个尝试反馈学习单的教学实践案例,以便更直观地展示其应用与效果。这些案例将涵盖不同学科和教学情境,帮助读者更好地理解如何在实际教学中运用尝试反馈学习单。希望这些案例能够为教育工作者提供有益的参考和启示,共同推动教育的进步与发展。

案例一 小学数学"数字与信息"

我以苏教版小学数学四年级下册阅读课"数字与信息"为例,阐述自己对于尝试反馈学习单在数学阅读应用中的一些看法。本节课为阅读课,所以我在尝试反馈学习单的基础上,将其修改为尝试反馈阅读单,尝试反馈阅读单同样分为"课前引学、课中探学、课后延学"三个部分。

1. 尝试反馈阅读单之"课前引学",联系旧知识,引出新知识。

师:阅读尝试反馈阅读单中的材料一。

材料一:王刚今年买了110平方米的房子;李晓红在全球马拉松比赛中排名第110位。

师:看到这段阅读材料,你们有什么想说的?

2. 尝试反馈阅读单之"课中探学",掌握数学阅读的方法。

师:想一想,如果请同学们来编写身份证,你们想用数字表达哪些信息?

生:出生日期、门牌号、居民身份证号码等。

师:信息这么多,该如何编码呢?我们就带着问题,阅读尝试反馈阅读单中的材料二。

材料二:居民身份证号码共有18位数字,它是由17位数字本体码和1位校验码组成。排列顺序从左至右依次为:6位地址码、8位出生日期码、3位顺序码和1位校验码。

师:阅读材料二与材料一有什么不同?

师:阅读时,我们应该怎样做呢?

3. 尝试反馈阅读单之"课后延学",自主设计方案。

师:在本学期"我和2035有个梦想之约"的开学典礼上,同学们都在纸上写下了自己的梦想。这是一名同学的梦想,我们一起来看一看。(出示梦想卡片:长大之后,我想成为一名酒店的总经理)

师:实现梦想的道路是曲折的,我们会遇到各种各样的难题。这不,酒店的总经理正在为酒店房间的编号犯愁呢!我们一起去帮帮他。阅读尝试反馈阅读单中的材料三,从下面三个片段中,思考解决问题的方法。

片段一:某酒店有一栋12层的大楼,每层都有20个房间。酒店应该怎样为房间编号,才能使旅客拿到房间号就明白自己房间的位置。

片段二:由于经营良好,酒店房间供不应求。总经理决定再盖一栋同样的大楼。请你给这栋楼1楼的第5个房间编号。

片段三:酒店生意越来越好,总经理决定在全市范围内开10家同样规模的连锁店。请你给连锁店编号。

(晏雨枫,跨塘实小)

案例二 小学英语"尝试反馈学习单:为学生预设个性化的体验过程"

以任务来驱动学生预习,通过完成任务来预习新知识,让学生有较强的体验感。学生借助书本与现代科学技术,围绕任务展开预习,并保持积极的学习状态。这样的预习将过去被动获得知识的学习,转变为以完成任务、尝试体验为主的多感官互动式的探究式学习。

尝试反馈学习单引导的预习,就是让学生在任务的驱动下,通过对学习资源的主动应用,在完成既定任务、开展自主探究学习的同时,引导学生带着真实的任务在学习中探究,在探究中学习,促使学生投身到学习实践活动之中。在任务设置时,教师也要考虑学生之间的个体差异,设置分级任务,让每一名学生都能根据自身的知识现状和现有的学习资源,选择更为合适的预习任务,达成预习目标。这样的预习可以让更多的学生学有所获,使学习成功感油然而生,更大地激发他们学习英语的兴趣,让学生英语自学能力逐步得到提升,也为学生的终身学习打下更为坚实的基础。在任务设计上,我结合学生的课堂学习情况,将尝试反馈学习单的任务板块设计为"课前引学、课中探学和课后延学"三个学习任务。

"课前引学"任务,这是对本节课的预热环节,既可以是对新授内容的预习，侧重于对知识点的积累或回顾，也可以是针对一个单元教学知识的整理。例如，在译林版小学英语四年级上册"Unit 1 I like dogs"的 Story time 板块的尝试反馈学习单的设计中，可以将"课前引学"任务设计为"争做勤劳的小蜜蜂"，引导学生复习已学的动物类单词。

"课中探学"任务，这既可以是对新授单元的板块设计任务，如 Story time 与 Cartoon time 板块，也可以是针对单元教学中某个重难点知识点设计任务，如语法、时态等知识点。例如，在译林版小学英语四年级上册"Unit 1 I like dogs"的 Story time 板块教学时，可以将任务侧重于对重点单词和句型的自主学习与理解。而在"Unit 2 Let's make a fruit salad"的单元复习教学时，可以针对本单元的教学重难点"I have ..."句型及其变化设计任务。

"课后延学"任务，侧重于对学生英语学习能力的拓展训练和语言知识的综合运用。教师在设计任务时，需要根据班级学生的实际能力，进行分层设计。例如，在译林版小学英语四年级上册"Unit 8 Dolls"教学时，可以将"描述你自己的玩偶"任务，分为三个层次：第一层次，仔细观察图片，完成短文填空；第二层次，根据图片提示，进行问答设计；第三层次，根据单元所学，自由描述自己的一种玩偶。这样的隐性分层任务，符合班级学生的实际学习需求，将选择主动权交给学生，让每一名学生在自主完成任务的过程中，提升英语学习的动力，获取学习成功的幸福体验。

（顾益峰，跨塘实小）

案例三　小学科学"磁极间的相互作用"

"磁极间的相互作用"是部编版小学科学二年级下册第一单元的第六课。本单元从观察两块条形磁铁的磁极相互靠近时产生的不同现象开始，引导学生去探索磁极间的相互作用，由此引发本课的探究任务。本课由四个部分组成：第一部分——聚焦，教师由"两块条形磁铁的磁极相互靠近会出现怎样的现象"，引出本课要探究的问题。第二部分——探索，学生讨论汇总形成条形磁铁的磁极相互靠近的四种情况。学生通过重复实验，发现并记录磁极间的相互作用。第三部分——研讨，学生结合记录表，交流实验过程中发现的现象，找出条形磁铁磁极间相互作用的规律，并再次通过实验发现其他形状的磁铁磁极间也有这样的规律。第四部分——拓展，学生利用磁铁相互作用的规律解决问题，并进一步理解磁极间的相互作用。

(一) 模块一:"课前引学",找准学习起点

材料准备:小车、一块条形磁铁、一块白纸包住的条形磁铁。

1. 教师出示小车(上面放有一块条形磁铁),用一块白纸包住的条形磁铁去靠近小车,小车被吸过来了。

师:小车动起来的原因是什么?白纸里面包的是什么?

2. 教师用一块白纸包住的条形磁铁的另一端去靠近小车,小车跑远了。

师:小车跑远的原因是什么?

师:磁铁和磁铁之间有时候会吸引,有时候会排斥。那在怎样的情况下,磁铁和磁铁之间会相互吸引或者排斥呢?

3. 教师揭示课题:磁极间的相互作用。(板书)

(二) 模块二:"课中探学",突破学习重点

材料准备:每组两块条形磁铁、学生活动手册。

1. 教师出示两块条形磁铁。

师:两块条形磁铁的磁极相互靠近,有几种情况?请小组讨论一分钟。

2. 学生上台板书磁铁靠近的四种情况。

师:那你们想不想亲自验证一下呢?请大家完成问题研究卡的研究过程一,并思考能不能从中找到什么规律。

3. 学生拿着磁铁上台演示。

师:你们从中发现了磁极间相互作用的规律了吗?

师:相同磁极间相互排斥,不同磁极间相互吸引。

(三) 模块三:研讨实验成果,增强思维能力

材料准备:两块蹄形磁铁、两块环形磁铁、一块条形磁铁。

师:条形磁铁磁极间有这样的特点,那么其他形状的磁铁也有这样的规律吗?我给每组准备了两块蹄形磁铁、两块环形磁铁、一块条形磁铁。大家想不想试一试?

师:请大家分小组进行实验,认真完成问题研究卡。

师:你们发现其他形状的磁铁相互作用的特点了吗?

(四) 模块四:"课后延学",提升素养生长点

材料准备:小车、一块条形磁铁、一块白纸包住的条形磁铁。

师:你们还记得课前我玩的磁力小车吗?大家想不想来玩一玩?请大家利用今天上课所学的知识标出条形磁铁1和2分别对应哪个磁极。

(姜惠楠,跨塘实小)

案例四　小学信息技术"进阶版克隆飞机大战"

教学环节	教师活动
游戏导入	回顾 Scratch 游戏克隆飞机大战，让学生试玩，对游戏进行评价，引出本课项目主题"进阶版克隆飞机大战"。
项目分析 （明确项目）	教师提问： ① 你喜欢玩的游戏有什么特点？ 教师引导学生从美观性、操作性、功能性等方面对游戏进行评价。 ② 如何让克隆飞机大战更好玩？ 教师引导学生通过所学程序了解如何让克隆飞机大战在美观性、操作性、功能性等方面获得更高评价。 学生上台试玩克隆飞机大战，说一说自己是否喜欢玩，并给游戏评分，说明理由。
方案确定 （合作探究）	参与学生讨论，指导学生填写项目方案清单，对学生填写的项目方案清单进行点评和补充。

进阶版克隆飞机大战　项目分析　方案确定　项目实施　项目总结

	现有效果	如何调整	预期效果	是否达到效果，有何优化
美观性	空白背景很简陋	添加太空背景	与飞机大战主题相关，增强玩家体验	
操作性	角色造型单一，无法切换造型 左移键和右移键过于单调			
功能性	火炮可以打到飞机，飞机可以下落，有爆炸效果 无计分功能、无其他功能性角色、无生命值、无结束功能			

项目实施 （学院支撑）	任务一：美化舞台 ① 添加太空背景图。 ② 将火炮和飞机的造型进行升级。 任务二：调整火炮控制方式 ① 使用 micro：bit① 基础编程控制 A、B 键，控制火炮移动。 ② 思考 micro：bit 基础编程中 A+B 键能有什么作用？ 任务三：功能优化 ① 增加计分功能：每击中一架飞机，分值增加；每错过一架飞机，分值减少。 ② 增加炸弹或钻石功能：碰到炸弹，生命值减少；碰到钻石，生命值增加。

---

① micro：bit 指智能物联程序模块。

续表

教学环节	教师活动
项目实施 （学院支撑）	③思考：分值如何设置合理？何时游戏结束或过关？炸弹与飞机有何不同？ 任务四：拓展功能 思考：我们的程序还能进一步优化吗？
项目总结 （调试优化）	现实体验：试玩进阶版克隆飞机大战游戏 　　教师引导学生完善项目方案清单，判断效果达成情况及制订优化方案。 　　教师总结游戏项目制作建议，引导学生保持热情，继续创作。
	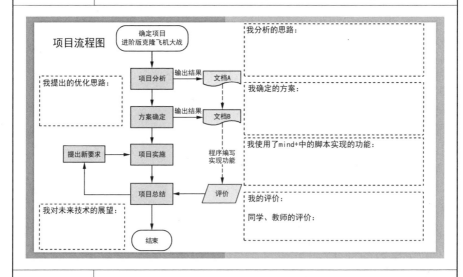
拓展创新， 展望未来	通过虚拟现实技术（Virtual Reality，VR）及裸眼3D技术介绍，给学生在美观、操作、功能等方面带来新的体验，引导学生完成项目流程图。

（宋颖超，跨塘实小）

总之，尝试反馈学习单的设计与应用，旨在促进学生主动学习和教师专业成长。通过引导学生尝试、实践、反馈和调整，尝试反馈学习单有助于提高学生的学习效率，增强其解决问题的能力，同时为教师提供实时的教学反馈和评估，帮助他们更好地指导学生，促进教学质量不断提升。这种创新的教学工具将为教育带来积极的影响和变革，为培养未来的创新人才发挥重要作用。

二、提问卡：增强质疑问难意识

新课标倡导自主、合作、探究的教学模式，重视对学生的个人情感与创新能力的培养，让学生处于教学的主体地位。培养学生的创新意识其中很重要的一点就是要提升学生的质疑能力，而质疑是思维的起点，没有质疑，思维就成为无源之水。爱因斯坦曾经说过："提出一个问题比解决一个问题更重要。"由此可见，质疑应成为教学过程中必不可少的环节。在教学中，学生能真正产生疑问并通过思考解决问题，有助于培养学生发现、分析和解决问题的能力及创新思维能力。

跨塘实小研制的提问卡重在引导学生开展自主预学，针对预学中无法解决的疑惑及时记录，开展后续有针对性的课堂探讨，增强质疑问难意识。

（一）提问卡的内涵与教学要领

提问卡是让学生把学习过程中所遇到的问题、想解决的问题写下来的工具。教师在教学中运用提问卡，让学生带着问题走进课堂，带着更多的问题走出课堂，如此循环，得法于课内，拓展于课外，从而切实增强学生的创新意识。在教学中使用提问卡，不仅可以让教师有针对性地设计教学内容，还可以加强教师和学生之间的联系。

1. 课前预习

通过设置提问卡，教师可以帮助学生养成课前预习的良好习惯。在预习过程中，学生可以记录下自己的疑惑和问题，并在课堂上进行提问，从而提高学习效率。

2. 课堂互动

提问卡可以作为课堂互动的一个工具，教师可以在课堂上收集学生的问题，并组织学生进行讨论和交流。这不仅可以增强课堂互动，还可以帮助学生更好地理解和掌握学习内容。

3. 个性化学习

学生可以根据自己的学习情况和需求，设置个性化的提问卡，通过记录自己的问题和学习心得，更好地了解自己的学习状态和需求，从而提高学习效率。

4. 知识巩固

在复习阶段，学生可以通过回顾提问卡上的问题，巩固知识和查漏补缺。同时，学生也可以根据提问卡上的问题进行知识拓展。

5. 教学反馈

教师可以通过观察学生的提问卡，了解学生的学习情况和需求，及时调整教学方法和策略，提升教学水平。

总之，提问卡是一种有效的工具，既可以帮助学生在课前预习、课堂互动、个性化学习和知识巩固等方面提高学习效率，也可以帮助教师了解学生情况并及时调整教学方法。

（二）提问卡教学实践的案例呈现

为了助推提问卡的落地与实施，首先，课堂教学中要创造一个良好的提问环境，让学生感受到舒适和安全，更好地激发学生的好奇心和求知欲。其次，课堂教学要引导学生主动思考，让学生学会发现问题、提出问题。最后，课堂教学可以通过组织讨论、提供相关材料、引导学生观察和思考等方式来实现。

案例五　学生、提问卡和我

学期初，当我拿着"三卡一笔记"走进班级的时候，学生的表情是惊讶、害怕的，他们恨不得把自己藏起来，但现实情况使他们不得不埋头苦干。可是，这"三卡一笔记"并不是他们埋头苦干就能干得出来的，这是对学生思辨能力的锻炼。记得第一次拿到提问卡，他们提的问题五花八门。那么提问卡该怎么设置才能引导学生提出高质量、有价值的问题呢？这成了我面临的最大问题。

（1）教师增强问题意识，积极示范，有效提问。

课前，我反复阅读教学内容，深度挖掘文本内容，明晰文本内容对培养学生核心素养的作用，明确作者的态度。同时，无论是对教材内容还是对教学参考书上的讲解，我都应辩证地分析、看待，明确自己的观点。例如，在教学《植物妈妈有办法》这篇课文的时候，我就抛出了我自己的疑问：你们还知道哪些植物有传播种子的办法？这样的问题果然吸引了学生的注意力。随后，我又抛出了两个问题：为什么同样是植物，但它们传播种子的方法各有不同呢？对此，你们有什么启发呢？对于这些问题，学生也将它们写在了提问卡上。

在后续的教学中，我又根据布鲁姆的教育目标分类学，有层次地设计了六类问题，即记忆型问题（如这个字怎么记住它）、理解型问题（如文中这样的词语是什么意思）、应用型问题（如我们学习了《曹冲称象》这篇课文有什么启发）、分析型问题、评价型问题和创造型问题。对于这六类问题，刚开始的时候，低年级的学生会产生前两类问题，但随着学习的深入，前两类问题会逐渐减少，后四类问题的比例会随之增加。这也和缪建平校长所说的"学生会做的，教师不做；学生会学的，教师不教；学生进一步，教师退一步；学生问教师，教师去问学生"的观点不谋而合。

（2）鼓励学生辩证地学习教材，敢于质疑。

记得有一次听课，课文是《羿射九日》，有个学生就提出了这样的问题：课文前一段说"江河里的水被蒸干了"，下一段又说"（他）蹚过九十九条大河"，明明水都没有了，哪里来的九十九条大河？

听说，种子种下后都是先深深地扎根以吸收养分，然后长出嫩芽，不断拔高，开枝散叶，为开花和结果带来可能。学生的成长同样要先积蓄力量才会最终取得成绩。而我觉得，我们的"三卡一笔记"、尝试反馈学习单，可能就像种子一样，能够深深地扎根，为学生以后的学习积蓄力量。所以我们不妨学一学树，不急不缓，做"向下扎根，向上生长"的教育。教育是一场修行，修人也修己。

（卢通，跨塘实小）

案例六　学会学习迁移，尝试提问方法

美国心理学家布鲁姆认为教学过程是一种提出问题和解决问题的持续不断的活动。在新课标的指导下，要将学生的主体地位重视起来，鼓励学生大胆思考，摆脱对教师的依赖，在课堂上敢发言、敢质疑、主动创新。

在学习译林版小学英语六年级下册"Unit 6 An interesting country"中的Story time板块时，学生在提问卡上写下"Why is Australia an interesting country?"。带着这样的问题，我带领学生学习课文的第二部分——关于澳大利亚的介绍，这是主人公Liu Tao从网上搜索信息得来的，重点介绍澳大利亚的城市、可爱的动物和澳式橄榄球比赛。

课文介绍的内容只是澳大利亚有趣的一部分，学生针对这个问题，在课后也进行了自己的探索。例如，搜索考拉的生活习性，了解澳大利亚人与动物的趣味性，并思考悉尼歌剧院建造创意的由来。由于课内的知识有限，因而课后学生的自主探索之旅也成为拓宽眼界的渠道。课文中，不同

主人公用不同方式了解澳大利亚的知识；课后，学生同样将网上冲浪获取信息的方式运用到生活中。这样能有效培养学生的信息检索能力和发散性思维。

在小学中高年级的英语阅读教学中，教师要想方设法调动学生的学习积极性，引导他们逐渐养成乐思、善思、敢思、勤思的习惯，使学生敢于主动探索、大胆创新，提升英语综合运用能力和思辨能力。

（苏婧彦，跨塘实小）

总之，正如古人所说"学起于思，思源于疑"。疑既是深入学习知识的起点，也是闪现智慧火花的开端。我们在课堂教学中，要鼓励学生大胆地见疑求异，要敢于疑课本之说，疑教师之解，疑权威之言，在提问中探幽索微，寻求真理，掌握知识，并在这个过程中发展学生的思维力，提升学生的学习素养。

三、错题卡：培养自我纠错能力

能力的培养、素养的提升，要求我们不仅要关注学生是否学会，还要关注学生是否会学。利用错题卡进行错题分析和同类题创编，正是有机地将这两个方面结合了起来。通过让学生找错题、分析内容，教师有针对性地选择内容，将其结构化地呈现，并让学生通过分析后对创编的形式进行及时的反思，更有助于促进大脑形成结构化的记忆，提升理解能力。

（一）错题卡的内涵与教学要领

错题卡是一种用来积累错题的工具。学生把每次测试或者做习题的错题收集起来，整理到一张卡片上，集合成错题卡。错题卡上包括单元知识、典型错题、错因分析、正确解答、同类错题和再学记录六个板块。教师通过错题卡的整理，引导学生集合典型错题，自主发现自我学习的薄弱之处，针对薄弱之处开展自我跟进式的巩固练习。

错题卡可以帮助学生分析错误原因，理解题目背景和解题方法，并且能够培养学生的分析能力和解决问题能力。同时，错题卡也可以方便学生随时温习和复习错题，提高学习效率。通过多年错题卡的使用，学生收获了很多。错题卡的教学要领主要体现在以下几个方面：

第一，纠正错误，提高学习效率。错题卡可以帮助学生收集、整理、分析在学习过程中出现的错题，及时纠正错误，提高学习效率。

第二，加深对知识点的理解和记忆。通过整理错题卡，学生对知识点进行了反复学习和思考，有助于加深对知识点的理解和记忆。

第三，培养良好的学习习惯和态度。使用错题卡需要学生主动发现错误、整理错误、分析错误和反思错误，这个过程有助于培养学生良好的学习习惯和态度。

第四，提升自主学习能力和解决问题能力。通过使用错题卡，学生可以更好地了解自己的学习状况，发现自己在学习中的不足，进而自主地进行学习和改进学习方法，增强高自主学习能力和解决问题能力。

第五，增强自信心和积极性。通过使用错题卡，学生在学习中可以更好地发现自己的进步和取得的成就，有助于增强他们的自信心。

（二）错题卡教学实践的案例呈现

学生使用错题卡可以有效地提高学习效率，加深对知识点的理解和记忆，培养良好的学习习惯和态度，提升自主学习能力和解决问题能力，增强自信心。下面列举几个教学案例，具体谈一谈错题卡的教学实践。

案例七　错题卡，提升学生的整合能力

在英语单元教学中，我会设计练习帮助学生巩固知识。因此，在第三或第四课时讲完后，教师可以让学生整理错题卡。我认为错题卡应该是不受数量限制的，学生可以根据需要应写尽写，但错题卡又有别于错题集，应选取并整理有代表性的错题。

在英语学习中，单词的记忆法、相似知识点的整理、易混淆知识点的比较等都可以列入错题卡中。例如，小 G 同学的错题是"Do you like this cat? Yes, please."。根据回答可以判断此句为一般疑问句，但不可用 Do。而"Do you like ... ?"的答案是"Yes, I do. 和 No, I don't."。所以这里应用 Would。相似题练习有"Would you like this pie?"。答案是"Yes, please. 和 No, thanks/thank you."。我帮他加了一道难度稍高一些的题目"Do you like lions? No, I don't. But I like this lion."。小 G 同学感慨道："做题真不能死记硬背呀，陷阱可真多！"我想错题卡真正的用意是让学生学习思考，让学生潜力的"小宇宙"爆发。

教材中特定主题的精心设计，让教师巧妙地引导学生利用"三卡一笔

记"教给学生学习的"钥匙",发动学生自主学习的引擎,让学生学会学习、喜欢学习,提升自主学习的内驱力。

(宋丽敏,跨塘实小)

案例八 错题归类,厘清知识脉络

我们都知道数学知识的学习是承前启后、承上启下的。前一阶段的知识、技能会成为后一阶段探索的基本知识和技能储备。换句话说,就是题型的基本架构、模型没有发生改变,随着年级的升高和知识领域的拓展,在同样的题型结构上会产生更多的变式和延伸。

对于错题卡的理解,我认为也不应只是把每一道错的题目誊抄下来再做一遍,而应当把错题进行归类整理,将知识点融会贯通。因为错题都是独立的,错题与错题之间有可能是根本没有联系的。例如,你上一道誊抄的错题是一道计算题,下一道很有可能是一道操作题。当学生回头复习时,知识点也是跳跃的、独立的,容易遗漏和忽略每个单元的重点、难点等细节。

所以,我提倡让学生在整理错题时,不仅要会分析每一道错题,还要会每一类错题的归类。在努力做到理解当下知识点的同时,更要尝试厘清每一类错题所代表的题型,抓住理解错题的"套路"。就如数学上最经典的问题之一——差倍问题。在小学四年级时,题目所给出的条件就是显而易见的两条线段图,让学生直观地看到两数之间的数量关系。而在小学五年级学生学习约分之后,题目给出的条件是这样的:"一个分数,约分后是 3/5,分母比分子大 12,这个分数是多少?"没了图之后,学生看到这段文字是比较难理解的。对于新知识的考查,难点在于将 3/5 转化成 3 份和 5 份,而当理解这一层面后,利用画图的方式解决问题,就又回到了差倍问题的基本题型上。

数学学习不仅仅在于知识的习得,还在于每一次解题思维的提升。而解题的技能就像一把把钥匙,要去找到它们对应的锁。归类错题就是要学生建立钥匙与锁之间的联系,相信通过这样一个过程,学生的学习一定会更高效!

(李秋实,跨塘实小)

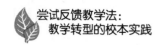

案例九　用好错题卡，定能生慧

步入小学六年级，学生需要学习的语文知识点变密集了，题目形式多样化了，学生的错误也逐渐多了起来。学海无涯，题海无边。如何才能培养孩子"举一反三"的本领，离不开错题卡的帮助。学生在整理错题的过程中，能回顾自己的答题经历，厘清答题思路，养成良好的作答习惯，触类旁通，生成自己的答题智慧。

例如，小Z同学在判断句子语病的时候，只关注到了句子搭配不当这一点，而忽视了其他问题，于是我在他写的错题卡后添加了一句"作答时，注意修改符号的使用，养成良好的作答习惯"。在下一次作业上，我明显看到小Z注意到了修改符号的使用，避开了答题陷阱，选出了正确答案。

我想，在课上预留一点时间，鼓励学生借助错题卡梳理错题，能够让热闹的课堂静下来，让学生躁动的心沉静下来，自主探究出解题的路径，构建自己的知识脉络，为下一次的精彩作答赋能。

（刘张翼，跨塘实小）

错题卡的使用，可以让学生有针对性地复习和巩固错题所涉及的知识点，帮助学生发现自己的薄弱环节，从而更加有效地安排学习计划，增强学习动力，激发学习兴趣，促使学生更加积极地投入学习中。

四、问题研究卡：赋能探究学习进阶

加拿大学者迈克尔·富兰的《变革的力量》有这样一句影响深刻的话："问题是我们的朋友。问题不可避免要出现，如果没有问题，你就学不到东西。"问题研究卡是通过一张小小的卡片，让不同的学生根据自己的年龄与学科特点，研究一个小小的问题，提升学生发现问题、提出问题、分析问题和解决问题的能力。学校全学科推广问题研究卡，引导学生不断进阶。

（一）问题研究卡的内涵与教学要领

问题研究卡是一种学习工具，问题研究卡的推广可以帮助学生自主学习，独立思考，勇于探索，大胆创新，促使学生在学习过程中进入积极主动的状态。

问题研究卡的教学要领如下：

第一，确定研究主题。选择一个符合学生年龄和学科特点的主题，既可以是一个单元的总结，也可以是一个具体的知识点。

第二，设计问题研究卡。根据所选主题，设计问题研究卡，包括问题的提出、分析、解决过程和结论等部分。

第三，引导学生自主学习。引导学生自主思考，寻找解决问题的方法和途径，让学生在学习过程中体验到成就感。

第四，组织讨论和交流。在课堂上组织学生开展讨论和交流，让学生分享自己的研究过程和结果，互相学习和启发。

第五，教师点评和总结。教师对学生的研究结果进行点评和总结，指出学生的不足和需要改进的地方，同时也要肯定学生的优点和成果。

通过问题研究卡的教学，教师既可以帮助学生提升自主学习能力、独立思考能力、创新能力和解决问题能力，也可以促进学生的个性化发展和综合素质的提升。

（二）问题研究卡教学实践的案例呈现

问题研究卡这一有效的教学工具，不仅可以增加学生的学习兴趣和动力，提升学生的学习积极性和主动性，还可以帮助学生提升学习能力和综合素质，同时也可以促进学生的个性化发展和全面发展。

案例十　问题研究卡，研究真问题

"小小天气预报员"是先号召小学四年级的学生坚持用肉眼观测云与天气的关系；然后留心记录电视上播放的天气预报数据，对比实际天气进行分析、判断；最后利用问题研究卡交流、讨论研究所得，协作共促，通过简单的信息发布过程，培养学生的合作与表达能力，增强学生服务他人的初步意识和能力。下面以"活动一：预报内容要明确"来详细叙述。

师：同学们，在你们刚搜集的问题研究卡中，你们有没有发现伴随着天气符号，还有气温的解读呢？

师：天气符号往往都伴随着最低气温和最高气温的出现，它们表示总体的温度变化范围，提醒我们注意温度变化，及时增减衣物。

师：除温度以外，你们还发现了哪些气象信息？

师：还有风力、湿度、降雨量、空气状况等气象信息。我们经常会根

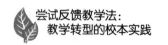

据这些气象信息，对我们的生活进行指导。

师：这是我们要进行的第一个岗位培训项目。请大家打开问题研究卡，通过小组合作，一起来准备一下天气预报员的播报稿吧！（PPT出示要求：对照卡上的信息，完善气象信息中的数据；对照气象信息中的数据，填写生活气象数据和温馨提示）

师：哪个小组愿意把你们的活动成果展示给大家？（两三组学生展示完成后请同学评价，同时请其他小组同学进行补充）

从上面的教学片段可以看出，综合实践活动不是教师教出来的，而是学生做出来的，学生是综合实践活动的主体。本案例中一张问题研究卡，开启了本节课综合实践活动的学习。整节课以问题为导向，以小组合作为路径，让学生从中获得深刻的体验："纸上得来终觉浅，绝知此事要躬行。"在搜集材料的过程中，学生对天气情况有了客观的认识。问题研究卡与本节综合实践活动课的契合点在于学生碰到问题，遇到挫折，从而产生求知的需要。这种需要正是学习的动力，此时学生的学习是最有效的自主学习。

（徐苏琪，跨塘实小）

案例十一　"小小幽兰花"的问题研究卡

班级里那个小女孩，个子高高的，坐在最后一排，上课聚精会神地听，偶尔被叫起来回答问题，总是先腼腆一笑，然后轻声细语地说话。她安静得如一朵兰花，但兰生空谷，不为无人而不芳，她小小的脑袋里装着对世界的好奇。我在讲授古诗《嫦娥》时，她很喜欢，所以朗诵的声音比平时大了一些。那天我正在发问题研究卡，她迫不及待地等着前面的同学传下来。终于，她拿到了问题研究卡，轻轻笑了一下，马上写了起来。下课铃声响起，她还是静静地坐在位子上保持着书写的动作。

等到第二天，她第一次主动问我："老师，我可以交问题研究卡了吗？"还是那样的轻声细语。我说当然可以了。她很高兴，顿时把头抬了起来，轻轻地把问题研究卡交到我的手上。

她提出了很有意思的问题："'云母屏风烛影深'，诗中的蜡烛是放在屏风的哪里呢？诗人又是在哪里站着呢？他是坐着，还是躺着呢？"

她是用心在读这首诗，用心在想象诗中所描绘的一切。为了更好地回答这些问题，她在问题研究卡的背面画了一幅图，图上显示出这句诗的场景。最后她写道：诗人应该和嫦娥一样的寂寞、一样的后悔。嫦娥后悔偷吃了仙药，诗人又会后悔些什么呢？

我把她的这张问题研究卡在班级里展示了，又贴在了班级评比栏里。针对她那个一笔带过的问题。我说，李商隐是一个很有故事的诗人，他有敏锐的思想。我们要想知道他在后悔什么，可以去查阅资料，了解这首诗的写作背景和李商隐的经历。

后来她常常和我分享她了解到的李商隐，有时给我看她做的笔记，有时和我轻轻念几句诗，说几句话。还是那样的轻声细语，还是会腼腆一笑，但她的眼神里多了自信和期待，不只是期待我的夸奖，更是期待自己在知识的海洋里一步步前进。

（姚思雯，跨塘实小）

案例十二 关于问题研究卡的教育故事

在数学教学中，为学生创造独立思考的空间是必不可少的，让不同的学生通过不同程度的思考参与到新知识的学习中。问题研究卡的使用让部分学生发现了学习的"新大陆"，在研究问题中发现了学习数学的新乐趣。下面以"最小公倍数"与"质数与合数"两课中的问题研究为例。

师：如何找两个数的最小公倍数？在围绕这个问题进行研究的过程中，有位同学发现了一些有趣的规律，现在请他分享给大家。

生：给我任意两个数，我能分三步找到它们的最小公倍数。

师：你能给大家举个例子吗？

生：比如找 15 和 24 的最小公倍数。第一步是求差。24−15＝9。第二步是思考差的几倍是较小数的倍数，这里就是思考 9 的几倍是 15 的倍数。由 9×5＝45，得到倍数是 5。第三步是用较大数乘 5，就得到了它们的最小公倍数。24×5＝120，120 就是 15 和 24 的最小公倍数。

师：很有创意！同学们，你们可以尝试一下这种方法。如果有什么疑问或者发现新的规律，记得随时记录下来。这样的问题研究卡不仅可以提升你们的思考能力，还可以帮助你们更好地掌握数学知识。

从问题研究出发，创设有层次的挑战，让全体学生都能够参与进来，对提升学生的学习兴趣和思维能力有着重要意义。例如，在学习"质数与合数"一课中，教师提前给出要研究的问题：如何快速记忆 100 以内的质数？

师：在收集到的问题研究卡中，我发现了巧记质数的方法，请小老师来给大家讲讲。

生：我发现运用6的乘法口诀可以巧记质数。

师：那就请你把自己的发现详细地给大家讲一讲吧。

生：除了2和3，其他100以内的质数在数的排列位置上必然是6的倍数的邻居。例如，与6相邻的两个数是5和7，与12相邻的两个数是11和13，与18相邻的两个数是17和19，它们都是质数。

师：你的发现很棒！那所有与6的倍数相邻的数都是质数吗？

生：不是。例如，与24相邻的两个数是23和25。23是质数，但25不是质数。接着往下推算，可以得到与6的倍数相邻的数，只要不是5或7的倍数，就一定是质数。

在教学中，合理运用问题研究卡，为学生的学习创造自由空间，让学生在探究、求索的过程，学会思考，善于思考，惯于思考。

（吴亚，跨塘实小）

案例十三　关于问题研究卡的实践故事

我在前一阶段的一堂课上，教授了 hot dog 这个单词。虽然学生一眼就知道这是热狗的意思，但是对于这个单词的由来不甚了解。于是，我在布置家庭作业的时候，给学生发了问题研究卡，让他们回家研究一下 hot dog 这个单词的由来。

第二天上课，学生兴致勃勃地拿出了问题研究卡，一个个都举起了小手，看来昨天学生在家中的研究成果颇丰。

我喊了最热情的一名学生来介绍，他说："hot dog 这个单词源自德国。在德国，它被叫作法兰克福香肠，这个名称起源于德国的一个城市——法兰克福。这种香肠最初是在这个城市制造的，后来传到美国，美国人称之为'腊肠狗香肠'，因为腊肠狗长得长长的，而且又是源自德国。在美国，卖腊肠狗香肠的小贩会背着一个热水箱，里面装满了保温的香肠，他们一边售卖一边吆喝'get your dachshund sausage!'。人们常用面包夹着这种香肠吃。到了1906年，一个漫画家将他看到的这种香肠画成漫画刊登在报纸上，不过他画的是一个面包，里面夹了一只腊肠狗，而不是这种香肠，因为他不会拼 dachshund 这个单词，就在漫画下面写'get your hot dogs!'。至今，hot dog——热狗这个名称就被沿用下来了。"

另一名学生马上举起了手说："老师，我的研究和他的不一样。"我就邀请他来说。他说:"德国人将香肠改良成用手可以吃的方式,就是把香肠夹在面包当中,这样既卫生又方便,所以很受欢迎。当时有一位漫画家,觉得面包中露出的香肠很像小狗的舌头,于是 hot dog 由此得名。"

其他学生听完后都很赞同他们的说法。他们之前虽然都吃过热狗,但没有思考过这个问题,现在他们一下子都恍然大悟了。我接着跟他们说:"其实英语是一门很有趣的语言。在英语里,有同音但不同义的单词,也有和我们汉语相对应的俚语,比如'Love me, love my dog.'的意思是'爱屋及乌'。'When in Rome, do as Roman do.'的意思是'入乡随俗'。大家要是感兴趣,可以自己进行问题研究,你们会获得许许多多有用并且有趣的知识。"

我们学习英语既不能死读书,也不能只停留在课本上,而是应该放宽眼界,多看多听,多采用问题研究卡,通过互联网技术找到适合自己的东西。希望你们能走出瓶颈,看看外面的世界。

(陈佳玮,跨塘实小)

总之,小小问题研究卡的诞生,一下子增添了学生学习的活力,既能够帮助学生自主学习、独立思考、勇于探索、大胆创新,也能够促进学生在学习过程中进入积极主动的状态,让学生真正成为学习的主人,让教师成为学习的组织者、引导者和提携者。

问题研究卡的设计,打造了课堂新生态,创新了课堂学习方式;问题研究卡的使用,真正地将课堂变成了学生成长的舞台和服务学生的场所;问题研究卡的推广,培养了学生的研究精神与反思意识,增加了学生学习的趣味和活力。

五、学思笔记:积淀学科核心素养

《论语·为政》曰:"学而不思则罔,思而不学则殆。"在学习过程中,及时地总结和反思,不仅能够帮助学生回顾、运用知识,还能够在反思和回顾的过程中将这样的心路历程记录下来,从而激发学生产生前行的动力。学思笔记的使用需要创新发展,无论是课堂笔记的记录,还是课后的反思,都能引发学生对知识的感悟、对能力的发展、对素养的提升。

（一）学思笔记的内涵与教学要领

学思笔记是一种学习工具，在课堂学习与自主学习过程中，针对所获、所得、所悟，及时进行记录。一叶一花，撷香幽远，旨在帮助学生更好地理解和记忆知识点。学生可以在笔记本上记录学习过程中的重点、难点和疑点，以及自己的思考和总结。学思笔记不仅有助于增强学生的思维能力，提高学生的学习效率，也有助于学生更好地利用自己的学习资源。学思笔记的教学要领如下：

第一，提升注意力。学生在上课时，往往难以长时间集中注意力，容易分心走神。而边听边记笔记可以起到帮助学生集中注意力、防止学生上课走神的作用。

第二，增强记忆力。记笔记时，需要看、听、想、记，这使得学生的眼、耳、心、手都得到了协同训练。这种协同训练，不仅能够防止学生走神，还能够加强学生对学习内容的理解和记忆。

第三，明确学习重点。记笔记有助于学生明确学习的重点和难点，可以强化学生对知识的记忆，有助于学生日后巩固和复习知识。

第四，积累资料。积极做笔记有助于学生积累资料，扩充新知识，构建知识体系。俗话说："好记性不如烂笔头。"积极做笔记有助于学生将短期记忆转化为长期记忆。

学生记笔记不仅可以提高学生的学习效率，还可以帮助他们更好地理解学习内容。同时，记笔记也可以帮助学生培养良好的学习习惯和自主学习能力，为将来的学习打下坚实的基础。

（二）学思笔记教学实践的案例呈现

学思笔记是促进学生学习和思考的有效工具。在学习过程中，学生及时记录和整理笔记，并在复习时回顾笔记，同时也可以与其他人分享和交流学习心得，帮助学生培养良好的学习习惯，促进思考和知识整合，提高学习效率。

案例十四　"狗尾巴草"的学思笔记

他说，自己是一株"狗尾巴草"，没有鲜艳的色彩，不会有人关注。我说，狗尾巴草有旺盛的生命力，它获得了整个夏天的赞美。他笑着跑了。

他有点贪玩，确实不太聪明，但他是个细心、上进的孩子。第一次在班级里表扬他完成的学思笔记十分优秀时，我让他起来说说这份学思笔记优秀在哪里。他红着脸，说不出来。因为他知道，虽然我故意遮住了名字，但这份学思笔记是他的。

我又让另一名学生来回答，她很利索地说出了优点：内容既丰富又详细，几乎每门学科都有。

我又问："那有什么需要改进的吗？"

他自己举手说，字迹不够端正。

后来，他下课来和我解释，他写字的时候速度太快，因为怕来不及记下老师说的话。

我说，我们记学思笔记不是只把字写在纸上就算了，还要多思多想，你每一天的学思笔记不能超过三行，要学会提炼老师讲课的重点。他犹豫着点点头，走开了。

第二次我收到的学思笔记，字迹变得工整了一点，字数稍微少了一点。他说："老师，我在慢慢改变。"

我说，我知道，你一直在进步。

他一直在进步，"学而不思则罔，思而不学则殆"。字跃然纸上，知识记在心里。他懂得了复习与思考，他也懂得了学习方法。

山默默孕育，它的每一次蜕变，花都知道，花在绽放，学生在成长。

（姚思雯，跨塘实小）

案例十五　学思笔记：点亮英语学习之路

小方是一名刚转来的小学四年级学生，由于之前英语基础较弱，她一直觉得英语学习比较吃力，特别是语法知识，更是难以掌握。每当学习新的课文时，她经常觉得内容繁多，不知道如何开始记忆。直到后来，她接触到了学思笔记的学习方法。

一天，我们学完了"How many"这一课。课后，我照常让学生整理自己的学思笔记。小方也参与进来。起初，小方的学思笔记写得比较简单，只记录了一些基础知识。对于如何记录，她感到十分困惑。课后，小方找到我，寻求帮助。我耐心地引导她如何丰富学思笔记的内容，并指出："学思笔记不仅仅是记下你所学的知识，更重要的是记录你的思考和疑问。"接着，我和小方一起分析了几个"How many"的例句，指导她如何观察并理解每个例句中的知识。在我的鼓励下，小方开始在课堂上更多地参与互动，积极地思考，尝试用"How many"进行对话。她将这些对话统统记录在学思笔记中，并且逐渐加入了更多细节和例句，如"How many cars do you have?"或"How many stickers are there in your book?"。每当遇到困难或疑惑，小方都会在学思笔记中记录下来，并在课后求助于我。看到她这么认真和努力，我也会耐心地一一解答，有时也会用一些生动的例子来帮助她更好地理解。在我的鼓励和指导下，小方不断地修改和完善学思笔记，使之更加具体和深入。

一段时间过后，我发现小方对"How many"这个句型的理解越来越深刻，不仅很好地掌握了书本上的知识，还能够在实际的情境中正确地使用它。看到她的进步，我十分欣慰。在英语课上，我向全班学生展示了小方的学思笔记。从起初的简单记录，到现在深入的思考，我们都看到了她的努力和付出。更可喜的是，在单元练习中，小方也很好地完成了所有与"How many"相关的题目，还取得了不小的进步。她意识到，学思笔记不仅可以帮助她记住知识，还可以帮助她真正理解并应用所学内容。

这件小事，像一束微光，照亮了学习之路的每一个角落。它让我们明白，学思笔记不仅是知识的积累，更是智慧的闪耀。在每一页学思笔记中，不仅记录着语言的规则，还蕴藏着学生的努力与教师的智慧，更体现了学习的真谛：不仅要掌握知识，还要懂得思考与应用。

（宋艺龙，跨塘实小）

案例十六 "花的结构"的学思笔记

花是植物界中最美丽的存在之一，它们以其多彩的花瓣和迷人的香气吸引了无数的目光。然而，花的美丽并不仅仅是表面的，它们的结构也蕴含着科学的奥秘。

在一节科学课上，我问道："同学们，你们知道花的结构吗？"大多数同学说："不知道。"于是，我向全班学生展示了一份学思笔记。我问："你们能说说这份学思笔记的优点吗？"一名学生说，她在学思笔记上画出了花的结构图，并用红笔在花的不同结构旁标注了作用，这对我很有启发。

我继续问道："你是怎么探究这个问题的？"她说："我是翻看科普书了解到。"我语重心长地说："我们记录学思笔记不仅要查看资料、画张图、再记录一些文字就可以了，还要体现你的思考、探究过程。"

几天后，我再次翻开她的学思笔记，看到她写道："我今天在家里和爸爸妈妈一起解剖了一朵油菜花和一朵桃花，看到了一朵完整的花通常由花柄、花托、花萼、花瓣、雄蕊和雌蕊等部分组成。花萼是花的外部保护层，通常由几片绿色的叶片组成。花瓣则是花的装饰部分，它们以各种各样的颜色和形状吸引昆虫传粉。雄蕊和雌蕊合称'花蕊'，是花的生殖器官。我认识到，研究花的结构，可以更好地了解植物的繁殖方式、适应环境的能力及其与其他生物的互动关系。花的结构不仅是大自然的杰作，也是科学研究的宝藏。"我说："老师看到了你的进步。未来，希望你能在学习中思考，在思考中学习。"

（吴晓敏，跨塘实小）

"三卡一笔记"与尝试反馈学习单在教师的教学改革实践与研讨笃行中，得以有效融合。提问卡融合于"课前引学"环节，错题卡、学思笔记融合于"课中探学"环节，问题研究卡融合于"课后研学"环节……这样的学习，学生以尝试为先、反馈自省、且学且行、且行且思、学思精进，让"学"真正成为"我在学""我要学"，而并非"要我学"。

"三卡一笔记"与尝试反馈学习单的应用，促进了知、行、思、悟的结合，放大了学习的魅力，拓宽了学习的界限，提高了学习的效率，培养了学生的元认知思维、批判性思维和学思结合的优秀学习品质。"三卡一笔记"与尝试反馈学习单的实施，在实践探索的过程中，能够很好地激发学生结构化的思维活力，进而去引导学生学习知识，内化知识，学会提问，敢于分析错题，会探究，会学思，提供并保障学生拥有足够的时间和空间去体验、去发现、去建构，增加学生结构化经验，发展学生核心素养。

教师在使用"三卡一笔记"的教学实践中，发现这些写学工具比较单一，各学科相对独立，不便于学生学习和思考，于是便对学思笔记进行了统整。

统整后的学思笔记为学生提供了系统的记录板块，通过"我梳理"罗列知识框架，以"我提问"点燃思考热情，用"我研究"加深知识理解，借"我纠错"防止犯重错。这些板块相辅相成，助力学生高效学习与自我提升，如图4-1所示。

苏州工业园区跨塘实验小学　　我梳理　　学科：________

梳理要求：1. 字迹端正；2. 整洁有序；3. 富有个性。　　我评价（ ★ ★ ★ ）

苏州工业园区跨塘实验小学　　我提问

时间	我提问	评价反馈

学而不思则罔，思而不学则殆。

苏州工业园区跨塘实验小学　　我研究

时间	我的研究（内容、过程、收获）	评价反馈

学而不思则罔，思而不学则殆。

苏州工业园区跨塘实验小学　　我纠错

时间	错题呈现（抄录或粘贴）	类题巩固（编写或粘贴）

学而不思则罔，思而不学则殆。

图 4-1　学思笔记

"我梳理"：系统整理所学内容，梳理知识间的联系，构建结构化知识体系。这有助于学生回顾课堂内容，归纳重要知识点，形成清晰的知识框架，从而加深对学习内容的理解。

"我提问"：提出对学习内容的疑问或自己感兴趣的问题，通过提问激发好奇心与探究欲。这有助于学生发现学习中的不足与盲点，为其后续的研究和学习指明方向。

"我研究"：针对提出的问题进行深入研究和探讨。这有助于学生通过文献查阅、实验验证及与师生交流等方式，逐步解答疑问，深化理解，并发现新的知识点或观点。

"我纠错"：通过检查做过的习题，发现并及时纠正错误。这不仅能帮助学生巩固正确的知识，提升学生解决问题的能力，还能不断完善学生的知识体系和学习方法。

从课程整合的视角来看，学思笔记采用多学科笔记合本的方式，有助于实现知识的跨学科融合与贯通。通过整合不同学科的知识，学生能够直观地感受学科间的内在联系，从而培养综合分析和解决复杂问题的能力，获得全面的发展。因此，学思笔记不仅是学习工具，也是推动课程整合和提升学生核心素养的有效途径。

实践证明，"我梳理""我提问""我研究""我纠错"这些板块相互关联、相互促进，共同构建了一个完整的学习闭环，使学生的学习过程更加系统、高效和有针对性。通过学思笔记，学生不仅能够在课堂上更好地理解和掌握知识，还能够在课后进行有效的复习和拓展，实现知识的内化和应用。这一创新方法无疑为学生的高效学习与自我提升提供了有力的支持。

第五章

尝试反馈教学的评价样态

学校评价是对学校的教学质量、管理水平、师资队伍、学生素质等方面进行综合评估。在学校教育教学中，客观、全面、准确地开展评价，不仅可以帮助我们更好地了解教育的本质，还可以对教师和学生的行为产生积极的影响，主要体现在以下几个方面：

第一，激发学生学习的内在动机。通过对学生学习成绩和发展情况进行评价，可以帮助学生了解自己的学习状态，发现自身的优势和不足，从而调整学习方法，提高学习效率。

第二，调动教师教学工作的积极性。通过对教师的教学工作进行评价，可以明确教师在教学中的优点和不足，进而提供改进的反馈，这种正面的反馈有助于激发教师的工作热情，进一步提高教学质量。

第三，构建完善的教师激励体系。通过设置合理的评价指标和奖励机制，可以充分激发广大教师的教育热情，进一步提升教师的教学积极性和教学质量。

第四，促进学校多样化、有特色的发展。通过评价学校的办学水平和教育质量，可以鼓励学校根据自身实际情况，积极探索和实施特色化、差异化的教育教学模式，从而提升学校的办学活力。

评价样态是指对特定对象或情境进行评估和描述的方式。尝试反馈教学的评价样态是融合性的，它结合了尝试性、反馈性、互动性和发展性等多个方面，旨在全面促进学生的主动学习和自我发展，同时也可以提升教师的教学效果和质量。这种评价样态以学生的表现和需求为导向，通过及时、准确、多样和可操作的反馈方式，鼓励学生主动参与和自我调整，同时强调教师的引导和指导作用。尝试反馈教学的评价样态具有积极意义，能够提升学生的自主学习能力和学习效果，同时也能够帮助教师更好地了解学生的学习状况，并提供有针对性的指导。

一、学校评价：从纵览性走向诊断性

学校评价从纵览性走向诊断性，是教育评价发展的必然趋势。这种转变意味着评价不再是一个单一的、静态的流程，而是一个更加注重动态的、连续的过程。它强调对学校各方面的深入了解和细致分析，以便找出问题，并制定相应的改进措施。

纵览性评价通常是对学校整体情况或某一方面的概括性描述，其优点在于能够快速了解学校的基本概况和整体水平。然而，这种评价方式往往缺乏深入的分析和诊断，难以发现学校内部的深层次问题。

相比之下，诊断性评价更加注重对学校各项工作的深入了解和细致分析。它通过对学校各个方面进行连续的、长期的观察和评估，能够及时发现潜在的问题，并予以解决。同时，诊断性评价还强调对学校各项工作的改进提出建议，以促进学校更好地发展。

跨塘实小在评价改革和评价样态的建构中，十分注重评价平台的信息性、评价维度的多元性、评价主体的互动性、评价方法的过程性，从晓评价体系到通过苏州工业园区"易加学院""易加综素"等平台进行多方位、多维度的评价；通过课堂观察维度的设计，推动评价层次性的设计更加有针对性，更加高效；通过教师评价、生生之间的评价、家长评价等，实现评价的互动性；通过教学监测、尝试反馈学习单的反馈，及时了解学生的学习情况，真正促进师生核心素养的提升。

2017年，学校引进了晓评价体系，实现了统一电子身份认证、多系统单点登录，对学生的学养进行全面、科学的评价。2020年，学校依托云痕大数据运营管理平台，构建至臻评价体系，通过顶层设计细分教学评价、德行评价、课程评价、教师评价系统，分学科、分层级，统筹、全面、科学地开展校园评价，以促进师生的全面发展。2021年，学校顺利成为苏州工业园区"易加综素"的首批实验学校，已经启动学生电子素质报告书项目，重点依托"易加教育"APP开展新一轮评价改革实验。

为了让全体教师、学生和家长充分认识到学生综合素质评价改革的重要性和必要性，同时加大学生综合素质评价改革的影响力度，学校多次召开专项会议，从培养标准、实施方案及深远意义等方面，对师生、家长进行深入的宣传和讲解，让所有参与学生综合素质评价改革的师生、家长做好各方面的准备，同时增强学生的学习主动性，激发其参与活动的热情。

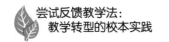

学校对区域小五星评价体系和学校原来的晓评价体系进一步整合,逐步完善了评价体系。学校秉承传统,继续完善新型科学的学生发展评价观。借助于"易加互动"、"易加分析"和教师每日评价,我们先将可视化的数据输入"易加综素"系统里,形成学生德、智、体、美、劳各方面发展的雷达图;然后通过大数据分析学生的态度、情感、价值观等,实时关注学生的学习发展动态,促进评价过程与学习过程交互融合,以激发学生的学习热情,优化学习过程,提高学习质量。

课程体系是实施学生综合素质评价改革的核心,也是影响学生综合素质评价改革质量的关键环节。为了提升学生评价的精准性和科学性,学校将所有课程纳入学生综合素质评价改革建设中,并确立评价目标,深入学习各学科课程标准,并在研究课程内容的基础上,确定评价目标和细则;对学习过程进行即时评价,把控评价阶段(前置学、课中学、课后学等)和评价范围(课堂、校内、家庭、社区等)。我们结合各科"七认真"(认真备课、认真上课、认真布置作业、认真批改作业、认真开展课外辅导、认真进行检测评价和认真组织考试)标准及课程标准,规范各科的评价内容,从学习状态、学习水平及学习效果等方面了解学生对于知识的掌握情况和能力的发展情况;通过系统地采集和分析学生的数据,学生每个方面的发展都有数据支撑,提升学生评价的精准性和科学性。

2019年,苏州工业园区"易加学院"三期平台建设了基于大数据评价的"易加综素"系统。跨塘实小作为首批实验学校,从2020年3月开始试用该系统。学校结合苏州工业园区"易加综素"系统里面的评价指标和学生实际,根据《中国学生发展核心素养》中"学生发展核心素养,主要指学生应具备的,能够适应终身发展和社会发展需要的必备品格和关键能力"的要求,对平台评价指标进行了完善,完成了基于跨塘实小实际情况的评价体系,建设以思想品德、学业水平、身心健康、艺术素养、社会实践为五大维度的学生发展小五星评价体系,用数据跟踪学生成长轨迹,绘制学生综合素养图谱,积极探索学生个人生涯的综合素质发展的全程。

苏州工业园区"易加综素"系统包含指标管理、综素问卷、综素监测、日常赋分、学业成绩、体质健康、综合统计等功能模块,这些功能模块同时支持电脑端和移动端使用。通过成长写实记录、社会实践反馈、艺术素养考查、学业水平监测、身心健康跟踪等形式,全方位落实学生个人成长档案,能够让学生、家长、教师、管理者更全面地、科学地、直观地了解学生的综合素养。为了更好地服务学校项目大数据收集和平台建设,学校多次邀请苏州工业园区教师发展中心信息中心技术团队来学校进行指导。该团队从平台建构，到资源上传，再到评价渠道和雷达图式分析，等等，逐一进行细致、精确指导，为学校大数据支撑奠定了坚实的基础。学校在苏州工业园区教师发展中心信息中心技术人员的指导下，于2020年年底已经完成了跨塘实小的小五星评价体系雷达图的平台搭建，并投入使用。

通过顶层设计，学校对区域的小五星评价体系和学校原来的晓评价体系进一步整合，完善了整体的评价体系。学校秉承传统，继续完善新型科学的学生发展评价观。下面是学校设置的学生综合素质评价指标体系类别。

（1）行为习惯。

为唤醒学生成长的力量，教师通过每日晨会评价和反思自我引导学生制定目标，并梳理目标完成情况，促进学生习惯养成，塑造学生自律的良好品格。

（2）点赞亮点。

利用"大拇指点赞"行动，教师可以发现学生日常生活中的优点，规范学生行为，激发学生潜能，调动学生积极性，塑造学生自信、积极向上的良好品格。

（3）学业水平。

教师重点研究学生在学习中纵向范围内的进步，引导学生关注自己的学习行为和学业发展情况，以自评、师评、家长评三种形式相结合的方式关注学生在学习态度、学科知识、学科关键能力方面的进步，多以鼓励性的评价语言为主，让学生明白努力的方向和学习的重点。

（4）学习能力。

通过对学生的自主学习、自我反思、解决问题、信息筛选能力的评价，教师可以帮助学生建立学习的自信，培养学生学习的自觉性和责任感，从而更好地激发学生的学习动机和内驱力，让学习真正成为学生的内在需求。

（5）日常锻炼。

良好的身体素质是学习的基础，教师可以鼓励学生多参与各项体育运动，在运动中培养学生自我拼搏的精神，在自我努力下达到获得价值认可的目标。

（6）能力养成。

教师重在培养学生克服困难的能力，让学生获得满足感，体会进步、坚持、自强所带来的益处，最终实现能力迁移和学科迁移。

（7）活动展示。

教师通过引导学生参与各个周的活动，全面展示学生的特长，丰富校

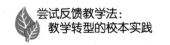

园生活，在真实的情境中展现自我，形成自我意识，为学生成长奠基。

（8）实践研学。

教师引导学生实地考察、亲身体验，丰富学生的校外生活经历，鼓励学生将学到的知识运用到实际生活中，培养具有"家国情怀、世界眼光"的学生。

（9）自我劳动。

教师引导学生从自我管理入手，做好自己力所能及的事情，分时间、分年段进行评价，通过提升学生的自理能力，培养他们用劳动创造美好生活的能力。

（10）互助合作。

教师让学生通过互助合作等活动，培养学生热爱劳动、尊重劳动的意识，让学生学会珍惜同伴、家人、社会的劳动成果，形成良好的学习氛围。

总之，从纵览性到诊断性的转变，体现了教育评价理念的更新和进步。这种转变要求评价者具备更高的专业素养和更丰富的工作经验，同时也需要学校积极配合并参与到评价过程中来。通过实施诊断性评价，学校可以更好地了解自身的优势和不足，实现评价的立体化、科学化、合理化，从而有针对性地改进各项工作，提升教育质量和办学水平。

二、课堂评价：从晓评价走向易评价

课堂教学是学校实施素质教育和提升办学质量的基本形式，既是学生获得科学文化知识，形成基本技能，提升学科素养的基本途径，也是学校推进课程改革和实现自我跨越的主要渠道。基于学生核心素养的发展，以学校育人目标为指引，深研学科课程标准、课程纲要、课时方案，形成课程评价指标。学校的教学评价改革覆盖全学科，主要在语文、数学、英语、美术、音乐、体育、科学、信息技术、劳动教育、道德与法治十个学科开展教学评价改革。每个学科均结合学科特色制定了具体的评价措施。

语文学科从语言积累、思维表达、学习习惯、文化浸润四个方面对学生进行综合性评价；数学学科从知识掌握、能力发展、兴趣培养、习惯养成四个方面对学生数学学习状况进行评价；英语学科从知识掌握、语言技能、情感态度、学习能力四个方面对学生进行综合性评价；美术学科从学习表现（课堂表现、学习态度、交流合作）、技法能力（造型能力、作品效果）、思维创意（创新性和独特性）三个方面对学生进行评价；音乐学科从欣赏习惯、演唱能力、演奏技巧、舞蹈表现、乐理知识五个方面对学生进行评价；体育学科从锻炼兴趣、课堂表现、知识技能、运动负荷、课外锻炼五个方面对学生进行评价；科学学科从科学态度、科学探究、科学思维、科学知识四个方面对学生进行评价；信息技术学科从学习表现、作品评价（思想性、创造性、艺术性和技术性）、期末监测（笔试和上机操作）三个方面对学生进行评价；劳动教育学科从家庭劳动、校内劳动、社会劳动参与三个方面对学生进行评价；道德与法治学科从意识养成、课堂习惯、自主探究、评析行为四个方面对学生进行评价。

为了更好地促进教学改革向纵深推进，2017年学校引进晓评价体系，改变了以往用同一张评价表来考量学生不同学科的学习情况这一状况，分学科、分年级、分单元、有重点地开展教学评价创新。根据各学科核心素养主体框架和课程标准的相关要求，建立各学科两级评价指标，细化学科、年级、单元、核心素养、关键行为和能力。在评价过程中先针对不同的维度生发出一级指标，诸如学习习惯、学习能力和知识掌握等；然后根据这样的一级指标生发出二级指标；最后通过这样的指标对学生进行评价和分析，以此实现评价的全面性、科学性。表5-1是语文、数学、英语学科的评价指标。

表5-1 语文、数学、英语学科的评价指标

学科	一级指标	二级指标	评价次数	评价方式
语文	语言积累	正确默写重点字词	根据教材中课文的篇数确定（每篇课文评价一次）	课后评价
		熟练朗读、背诵课文		
		掌握单元语文知识		
	思维表达	口语表述明确清晰		
		书面表达完整清楚		
		适当应用表达方法		
	学习习惯	作业书写按时端正		
		课堂聆听专注认真		
		回答问题积极主动		
	文化浸润	感悟课文思想感情		
		古典诗词涵泳积累		
		课外阅读欣赏评价		

续表

学科	一级指标	二级指标	评价次数	评价方式
数学	知识掌握	基本达成	根据教材中练习的次数确定（每次练习评价一次）	课后评价
		正确熟练		
		灵活应用		
	能力发展	计算能力		
		动手能力		
		探索能力		
		创新能力		
	兴趣培养	态度端正		
		主动参与		
		热爱程度		
	习惯养成	预习习惯		
		听讲习惯		
		作业习惯		
英语	知识掌握	词汇掌握	根据教材中单元的个数确定（每个单元评价两次）	课后评价
		句型掌握		
		语言运用		
	语言技能	听说技能		
		读背技能		
		写作技能		
	情感态度	动机兴趣		
		合作精神		
		国际视野		
	学习能力	学习效率		
		学习成果		
		自主探究		

课堂上，教师依托晓评价体系，通过扫卡根据评价指标对学生进行全面的评价；课后，教师还可以结合学生在课堂上倾听、思考、合作、作业等情况通过推送小红花实现评价，让学生的学习热情在及时评价中得以点

燃，让学生的学习成果在及时反馈中得以凸显，让学生的学习问题在及时反思中得以解决。

2021年，跨塘实小作为苏州工业园区"国家级信息化教学实验区"实验学校，全面围绕课题"教智融合背景下尝试反馈教学促进深度学习的实践研究"实施校园教学改革。2022年，跨塘实小深入实践尝试反馈教学，成为苏州工业园区"5G支撑下核心素养导向的混合式教学"项目实验学校。苏州工业园区"易加学院"平台的运用、新型教学资源的开发，为每一名师生搭建了教学支架，提供了尝试反馈的自主平台。

学校以尝试反馈教学法教学模型为指向，以教学改革格言"吾日四省吾身"为对照，在学校原有的"三主一观察"教研模式的基础上，从师生双向出发，学校设计并使用"教智融合·尝试反馈·深度学习"课堂观察评价表（表5-2），从教师、学生两个维度出发，创建真正意义上的"生本化"自主开放课堂，促进学生自主尝试学习能力的发展。

表5-2 跨塘实小"教智融合·尝试反馈·深度学习"课堂观察评价表

对象	一级指标	二级指标	观察评价内容	权重	得分
教师	教学目标	清晰适切	科学性：结合新课标年段要求，明确核心素养指向	5	
			针对性：根据学生年段特点与学情，突出重点，扣准难点	5	
		梯度呈现	层次性：分基础性、拓展性、挑战性三层目标，层次清楚	5	
	教学策略	教智融合	信息技术、多媒体与课程教学内容深度整合，有效融合	5	
			任务驱动，整体架构，板块分明，教学内容完整而有序	10	
		尝试反馈	遵循"请不要告诉我，让我先试一试"的尝试教育核心理念，引导学生质疑问难，尝试实践	5	
			保证反馈时间，通过多种形式、多种途径进行反馈评价，让学生体会学习的成功，领略知识的魅力	5	
		关注全体	个体学习与共同学习相结合，调动全体学生参与课堂学习	5	
			关心个体，根据学需与学困情况进行点拨帮助与个体指导	5	

续表

对象	一级指标	二级指标	观察评价内容	权重	得分
学生	学习状态	专注倾听	课堂上专心聆听教师、同学的发言，一边听一边动脑	5	
		互动交流	积极与教师、同学开展互动交流，提出自己的困惑与想法	10	
		自主探究	大胆尝试、主动探究、勇于实践，在主观能动作用中获取知识	10	
	学习实效	学知内化	理解并掌握本课知识及技能，完成当堂任务	15	
		深化延展	迁移运用关键能力与策略，综合解决现实问题	10	
观课评议					
评课人：			合计：_____分		

该表以"适合的教与学"为核心，以教师与学生为观察对象，以观察教师的教学目标与策略、学生的学习状态与实效为重要考查点，以此来促进教师映照自身课堂，不断开展教智融合背景下"自主开放"的尝试反馈教学。

由此可见，课堂上教师科学引导，学生大胆尝试、自学课本、动手动脑、交流总结、反思提升。教师努力维护学生主体地位，提升课堂教学效率，深化课堂教学改革，点燃学生学习梦想，助力学生收获快乐。至此，"请不要告诉我，让我先试一试"的尝试教育核心理念已经在跨塘实小课堂中深入人心。

在教学质量监测上，学校着眼于过程性诊断监测与学期阶段形成性监测，充分运用云痕大数据平台，以三级监控形成动态式学情数据链，促进教师及时调整教学策略及命题方向。

一级监控：教导处每月组织骨干教师研制命题，对中高年级的教学质量进行月监测，借力云痕大数据平台进行分析，及时进行点对点反馈，做好班级、年级组质量分析。

二级监控：依托备课组，研制单元命题卷、知识梳理单、尝试反馈学习单、个性化作业等教学资源，合理分工，责任到人。通过云痕大数据平台形成学情动态数据链。

三级监控：教导处组织骨干教师，针对语文、数学、英语及部分专业学科，全面命题期末试卷。从"出卷会议—命题—审题—考务会议—班级、备课组质量分析—教导处全校质量分析"，形成全校性学期质量监控与反馈机制，实现精准靶向、精研策略、智慧教学的目标。

学校为了进一步引领教师运用教学思维与教学情态，在尝试反馈教学中有效引领学生进行"自主探究式学习"，主要以"巡、查、听、问、评"五种方式来落实评价机制。

1. 巡

结合校园每日巡查机制，学校针对学生一日入校、晨读、晨会、上课、课间、午餐、放学等全方位进行巡查，对于教师日常教学中的行为进行重点检查。

2. 查

学校充分利用教导处、学科组、备课组开展三级督查管理，做到"七认真"及检查常态化、规范化，促进教师备好课、上好课、批好作业、辅导好学生。尤其是重点做好作业规范化管理，坚决不能要求家长评改作业。同时，控制作业总量，增强作业反馈实效，切实减轻学生课业负担。

3. 听

除校园师训处建立的全校学院听课、评课机制之外，学校校长室、教导处人员临时推门听课，并即时反馈，授课教师撰写反思意见。

4. 问

学校督导处人员每月开展家长调查问卷工作，调研家长对学校教学工作的需求及相关要求，并结合调研数据及家长反馈及时开展教学策略的调整工作。

5. 评

每学期，学校评选校园"'七认真'先进个人"，激励教师规范教学行为，在潜心教学中提升教学质量。每学年，学校评选校园"优秀教研组与备课组"，激励团队形成合力，深度开展教研活动。

总之，在教学评价体系建设中，学校重点着眼校园教学管理评价、课堂教学评价和教学质量评价，以教学管理评价促进校园规范教学工作，以课堂教学评价不断促进课堂教学的深度建设，以教学质量评价促进教师反思自身教学，有针对性地调整策略，从而促进学校教学的深度改革。

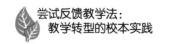

三、作业评价：从多样走向进阶

学生发展是一个持续的、进阶的过程，教学的全过程（包含作业设计）应该指向学生发展的进阶，明确学习目标的进阶点至关重要。

2021年，中共中央办公厅、国务院办公厅印发的《关于进一步减轻义务教育阶段学生作业负担和校外培训负担的意见》（以下简称《意见》）中对于作业明确提出了以下要求：健全作业管理机制，合理调控作业结构，分类明确作业总量，提高作业设计质量，加强作业完成指导。如何实现"减负"与"增效"同步双赢？为此，跨塘实小结合课题"教智融合背景下尝试反馈教学促进深度学习的实践研究"，以"减负达能"为目标，以作业为线索，形成教师引领式的"导"与学生自主性的"航"共同施力，实现"双减"背景下教与学的互动与共进。

作业评价是过程性评价的重要组成部分，作业设计是作业评价的关键。可见，作业设计与作业评价是密不可分的整体。学校以尝试教学思想为指南，突出尝试和反馈两个关键词，围绕"尝试为先、问题导学、结构整合、高效反馈"总体策略，通过教师科学引导，学生大胆尝试、自学课本、动手动脑、交流总结、反思提升，着力设计尝试反馈学习单与"三卡一笔记"等创新作业。在作业设计时，主要遵循以下设计原则。

1. 融合性原则

融合苏州工业园区"易加学院"等优秀平台的教学资源；融合"课前引学、课中探学、课后延学"思想，实现课前、课中、课后线性融合；融合学生"学、思、悟、行"的学习过程，拓宽学生思维，培养学生自主学习的习惯。

2. 分层性原则

学校结合苏州工业园区"易加综素"等平台提供的精准数据，明确校园薄弱学科实际和班级学情实际，注重备课组的整体精心设计和整体命题的分层设计，做到教、学、评一体化，以满足不同学基、学能的学生的实际需求。

3. 个性发展原则

学校结合学生的不同个性与兴趣，注重开放式积累与实践性探究的设计，有效促进学生的个性发展与学科素养的提升。

有了科学性、多样性的作业，还需要完善评价制度，建立等级评价、星级评价等多种评价方式，建构发展性的评价体系。学校根据各学科、年级、单元特点对以上指标进行细化，并以此作为课堂评价的标准，使各学科的评价更具特色，各年段的评价、各单元的评价也各有侧重，以体现评价内容的丰富性、多样性、独特性。例如，语文、数学、英语等学科主要关注学生的学习兴趣、学习习惯、学业成果，而专业学科则根据各学科特色设置评价重点。又如，体育学科更多关注学生的锻炼兴趣、健身习惯、运动负荷，信息技术学科重点关注学生的知识与技能的掌握情况，美术学科则关注学生的学习兴趣、学习习惯、学习能力三个维度的提升。

下面以语文作业评价为例，介绍跨塘实小以提升学生素养为核心目标，在教智融合背景下全学科开展尝试反馈教学、实施精准评价、发挥正向激励作用，促进高效学习的课堂改革与项目研究。

案例一 小学语文"精准评价，促进'项目学习'落地"

在日常教学中，小学语文作业设计的目标往往是复杂多样的，依据核心素养的基本内涵，至少可以将语文作业设计的目标划分为三种类型：提升学科关键能力、发展必备品格与树立正确的价值观，以及促进家庭与学校有效沟通。因此，语文作业设置的类型也从"单一独立"转变为"多元协作"，在开展评价时，也由原有单一的评价方式转向全方位、多元化的评价方式。例如，在教学部编版小学语文五年级上册第三单元时，为了提升学生讲故事的能力，我开展了单元统整教学尝试，并且对学生在语文作业任务中的表现进行持续追踪、评价与反馈，了解学生的发展轨迹与阶段性的学习需求。

以课文《猎人海力布》为例。在执教第一课时，我定的课时目标：扣情节，讲完整；抓细节，讲具体。首先，在这节课的教学之前，我设计了一节微课，并利用尝试反馈学习单对之前学生学过的一些讲故事的策略进行复习和梳理，让学生带着经验走进课堂。其次，在课堂教学中，我主要引导学生先运用自己已有的经验来讲故事；再引导学生把自己讲的故事和课文进行对比，发现自己讲故事的不足之处；然后引导学生关注细节，把故事讲具体，讲生动。最后，在布置作业时，我主要考核学生讲故事的能力。例如，我会告诉学生："运用今天学到的方法，你们把《猎人海力布》的片段讲给爸爸妈妈听。"那这样的作业如何布置？如何评价？我主要依据苏州工业园区"易加学院"平台，在平台上发布任务，让学生把录音发送到平台上。然后，

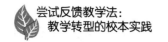

我会安排六名学生组成一个学习小组,每名学生听五个录音,评价五个录音,并以语音的形式把评价意见推送到"小黑板"系统里。我还让其他学生在互听、互评中学习他人的优点,查找自己的不足,逐步把故事讲精彩。在下节课上,我再挑选代表上台展示,以此提升学生讲故事的能力。

(胡军,跨塘实小)

在"双减"政策的指导下,数学教师能最大限度地优化数学作业设计,能在学生完成作业后给予客观评价,能尽量避免仅以最后结果的正确与否来评价学生对知识的掌握程度,这样不但能引导学生掌握基础知识,还能注重学生的全面发展,增强学生的求知欲和探索精神,实现教学目标。下面我们简单谈谈数学作业中的评价。

案例二　小学数学"重结果,更重过程"

数学作业设计质量的优劣会在很大程度上决定学生学习效率的高低,长此以往,会对学生基础数学能力的提高产生重大的影响。而同样重要的是,数学教师在布置完作业后,要及时督促学生反馈,而针对学生作业的完成情况,教师需要给予客观评价,要尽量避免"一刀切"。教师要仔细查看学生做题过程,看到作业背后体现的学生思维。例如,在讲到解决问题的思路时,有的学生可能习惯从问题着手,根据问题来分析其中的数量关系,之后确定先算什么,后算什么。而有的学生可能愿意根据题目中的条件分析出思路,预测题目中会出现的问题。教师在进行评价时,既要肯定正反两种思路均有可取之处,又要进一步引导学生总结和归纳什么类型的题目适合正向思考,什么类型的题目适合反向推导,这样学生在考试的时候能够节约时间,精准解题,以此来最大限度地提高解题的速度和正确率,让每个层次学生的成绩都能取得显著进步。同理而言,有的学生做题虽然得出的结果不正确,但是做题过程体现了创新思路,显示出了强大的类比和思辨能力。这时候教师要对学生的创新思路给予客观的评价,帮助其分析思路中的可取与偏颇之处,提升其思考的积极性。另外,还有一些学生做题虽然得出的结果正确,但是解题过程过于烦琐,解题花的时间较多,教师也要进行批注,让学生思考是否还有其他更简便的解题方法。在所有作业均批改完成后,教师可以将学生的解题思路进行分类,并进行展示,为其他学生查漏补缺或者掌握更多的解题方法提供帮助。由此可见,教师不仅能客观地开展数学作业评价，激发学生主动参与、乐于探究、勤于动手的兴趣，还能培养学生搜集和处理信息的能力、获得新知识的能力、分析和解决问题的能力，以及交流和合作的能力。

（肖英杰，跨塘实小）

新课标视域下教、学、评一体化理念有了更为广阔的应用空间，它既能给予师生学习成果客观公正的评价，又能为学生的后续学习提供前进方向，帮助学生树立终身学习的理念。下面以体育学科为例，谈谈如何实施教、学、评一体化。

案例三　小学体育教、学、评一体化

在体育课堂上，教师评价主要是将教、学、评一体化和学、练、赛、评一体化相结合。以广播体操项目为例，在不少学生的眼中，广播体操的动作算不上优美，学生缺乏主动学习的热情。对此，教师可对原有体操动作进行"加工创造"，或鼓励学生互为教师共同学习，或将音乐和舞蹈元素与之有机结合，以此加强师生互动，为教学评价活动的开展打下坚实的基础。在开展评价时，教师先进行动作的分解示范，学生进行分动作学习与练习。在整班练习时，教师应给予学生练习过程、练习成果及时性评价。例如，在教授踢腿运动时，教师点评学生踢腿动作的力度、高度、角度等，让学生直接感受完成学习任务的喜悦，帮助学生建立自主学习的意愿和自信。除教师对学生进行评价之外，学生互评、学生自评等评价形式也应引入课堂，给予师生之间、学生之间平等对话的机会。在练习广播体操时，先分组进行分节展示；然后开展小组内学生互评、互学，通过评价让学生明白哪里是自己的动作不足点、哪里是自己的练习优势，如此一来，学生才能在小组评价中找到自我锻炼的定位，做到扬长避短、有所提升；最后，开展多种形式的广播操比赛，诸如男女生赛、小组赛、个人赛等，请动作做得标准的学生当小评委进行评价，做到以赛促练。

因此，在开展体育课堂教、学、评一体化时，从以运动技术为中心向重视核心素养培养转变，从单一动作技术教学向结构化技能教学转变，让体育教学活动更具趣味性、持续性、发展性，学生的课堂参与度、配合度均会随之显著提升，课堂教学质量也将获得持续提升。

（王振静，跨塘实小）

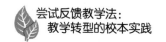

综上所述,科学的、客观的作业评价强调评价主体的多元化,但由于学生的很多进步与发展是渐进式的,因此,教师应当认识到,学生作为学习最重要的主体,其自评和互评也可以作为主要的作业评价方式。这不但有利于拓宽学生的视野,加深学生对他人作业成果的理解,而且有利于学生对自我学习过程与结果的反思。如此这样,通过改进结果评价、强化过程评价、探索增值评价、健全综合评价等方式,引领学生在各学科作业评价中学会发现自己、提升自己。学校通过评价激励学生成长,为学生全面而有个性的发展赋能。

四、学生评价:从多元走向一体

学生评价处在一线教育平台教师讨论的中心。在新时代背景下,教育评价改革和以核心素养为导向的学生评价主张进行多维度的综合素质评价来真正展现学生的主体地位,发挥评价的唤醒功能,是对学生的学习过程、学习成果、学习态度、学习方法、个性发展等方面进行评估和判断。通过学生评价,教师可以了解学生的学习情况,从而制订合适的教学计划。同时,学生可以通过评价了解自己的学习状态,获得及时的反馈和指导,促进自我发展和提升。"立德树人始于行,育人无声润于心。"评价学生应指向人的成长,不同的人通过努力都可以做到优秀,成为最好的自己。

"木樨花儿开,朵朵放光彩"是跨塘实小秉持的育人理念,它表达了每名学生都可以有自己的光彩。在此基础上,我们运用科学评价方法,以了解每名学生的潜能和特点,制订个性化的教育和培养方案。通过多元评价,我们关注学生的全面发展,包括学术、情感、社交和实践等方面,旨在培养具有创新能力、批判性思维和终身学习能力的未来领导者。

在这样的背景下,跨塘实小学生综合素质评价的制定遵循一条清晰的路径,先从学生的具体行为到习惯,再从习惯到能力,最后从能力到能量,形成了一个由学校、年级组、教师、家长组成的操作系统。跨塘实小推崇多种形式的学生评价,评价内容包括学生的知识掌握情况、技能水平、学习态度、学习方法、团队合作能力、创新意识等,为学生的学习提供反馈,帮助学生了解自己的长处和不足,并为学生提供个性化的指导和建议。评价内容也走向多元与多样,以通过智能的、赋能的、创意的、绿色的评价方式,促进学生健康地发展。

1. "易加综素"智能评价

学校依托智能化大数据，创新评价机制，引进苏州工业园区"易加教育"APP，尝试制作学生电子素质报告书，以适应苏州工业园区"智慧教育"的新要求，推进学生成长写实记录的落实。同时，教师、家长、学生的全面参与，实现校园评价立体化、科学化、合理化。教师通过即时评价、过程评价、点面评价，将评价由"批评教育"向"激励教育"转变，引导学生发现自身存在的不足之处，自我激励，不断进步，变"被动"为"主动"，最终实现个人内涵的提升。

2. "大拇指点赞"赋能评价

学生"大拇指点赞"评价是一种简单、直观的评价方式，通常用于教师对学生的表现进行评价。

教师明确评价的标准和依据，评价结果反馈及时，被评的学生了解自己的优点和不足之处，从而更好地进行改进和提高。本着公正、公平、公开的原则，评价过程公正、透明。学校制定《"大拇指积分奖励"实施细则》，该细则包括学生在学习、纪律、劳动、礼仪等方面的点滴进步。在操作过程中，我们将各班级、各中队组成考核小组，对班级进行整体评价，对在校表现突出的学生进行奖励，促使学生不断进步。

总之，学生"大拇指点赞"评价既可以表达对学生的认可和赞赏，又可以促进学生积极进取，不断提高。

3. 星级"小先生"创意评价

星级"小先生"是一个有趣的创意，它借鉴了中国传统文化中"先生"的概念，以及现代教育中星级"学生"的评价方式，形成了一个独特的称呼。星级"小先生"通常是指在学校或班级中表现出色的学生，他们具备多方面的能力和素质，诸如学习优秀、品德良好等。这些学生通过自己的表现和努力，成为其他学生的榜样和引领者，有助于营造积极向上的学习氛围和班级文化。星级"小先生"评价通常会考虑以下多个方面。

第一，学习成绩。在学科考试中取得优异成绩，或者在某些特定学科上表现出色。

第二，品德素质。具备良好的道德品质和行为习惯，诸如诚实、守信、尊重他人、乐于助人等。

第三，行为表现。遵守校规校纪，积极参与班级活动，具有良好的团队协作精神和领导能力。

第四，特长才艺。在音乐、舞蹈、体育、科技等方面有特殊的才能或良好的表现，为班级争光。

评选星级"小先生"的意义在于，通过表彰和宣传优秀学生的事迹，激励更多的学生积极进取、争当优秀，同时也有助于营造良好的班风、学风。这不仅能够提升教育教学质量，还能够培养学生的自信心和自我管理能力。

评选星级"小先生"的方法包括学生自荐、同学推荐、教师推荐等多种形式。在评选过程中，要遵循公平、公正、公开的原则，同时也要注重评选标准的多样性和全面性。通过评选活动，可以树立一批优秀学生典型，为其他学生树立榜样。

总之，星级"小先生"是一种积极向上的评价方式，鼓励每一个"跨小娃"都朝着"小先生"的梦想努力前行，收获"小先生"的"真本领"。

4. "劳动清单"绿色评价

我们依据学生的认知规律和学校特色，明确了各年级的"劳动清单"。近三年来，我们不断修改、完善"劳动清单"，以低、中、高三个年段为时间轴，以校内劳动、校外劳动、家庭劳动为出发点，构建起一套完整的校本劳动评价手册《幸福劳动》。通过"劳动清单"的实施，我们旨在让学生具有一定的生活能力和劳动技能。在实施"劳动清单"的过程中，我们通过自我评价、小组评价、教师评价、家长评价等方式，对学生的劳动进行一个较为科学的评定；通过多元评价，激发学生参与劳动的热情，有效引导学生形成正确的劳动价值观，全面提升学生的劳动素养。

5. "国旗下讲话"特色评价

"国旗下讲话"是一种展示优秀学生风采和表现的机制，通常在每周的升旗仪式上进行。通过学生表扬台，教师可以表彰上一周在各个方面表现突出的学生，以激励更多的学生积极进取、争当优秀。

(1) 评选标准明确。

在这个评选机制中，评选标准明确，诸如学习成绩、品德表现、行为规范、特长才艺等。这样可以让学生更加清晰地了解评选的方式和要求，从而更好地进行自我管理和表现。

(2) 评选过程公正。

这个评选机制注重公正、公平、公开的原则。评选结果在充分尊重学生意见和考虑多方因素的基础上得出，避免出现不公正的现象。

(3) 表扬形式多样化。

在表扬优秀学生时，可以采用多种形式，诸如颁发奖状、奖品、荣誉证书等，同时还可以通过校园广播、海报、微信公众号等进行宣传和展示。

这样可以让学生感受到自己的价值，获得荣誉感。学校会在学生表扬台定期开展活动，诸如每周、每月或每学期进行一次评选和表扬，持续激励学生积极进取、不断提高，同时也可以让更多的学生得到展示和表现的机会。

总之，"国旗下讲话"可以激励更多的学生积极进取、争当优秀，促进学生全面发展。

6. "萌舞台表演"展现评价

"萌舞台表演"通常指学生以演员的身份进行的舞台表演，其评价可能因观众年龄、兴趣和文化背景而异。在创意和想象力方面，可以通过观察演员在表演中是否有新的角色、故事情节或舞蹈动作，评价表演是否具有创意和想象力。在表演技巧方面，可以通过演员的语言表达、舞蹈动作的协调性和节奏感，以及演员在舞台上的自信程度，评价演员的表演技巧。在道具和布景方面，评价舞台上的道具、布景和服装等元素是否符合剧情，是否具有创意和美观性。在与观众互动方面，可以通过演员是否能够带动观众的情绪，演员是否能够创设互动环节，并让观众参与其中，评价演员与观众的互动情况。在主题和教育意义方面，可以通过是否传递积极的信息，促进社会价值观的树立或提升文化素养，评价表演是否具有主题和教育意义。总之，"萌舞台表演"的评价取决于学生对表演多方面因素的综合感受，跨塘实小因地制宜地采用"萌舞台"，小学三至六年级的学生每周轮流推出自己班级富有创意的表演节目，极大地丰富学生的课余生活，促进学生的艺术发展，培养学生的创造力和想象力，传递正面的信息和文化价值观，以及增强学生的情感体验。

破除"唯分数"评价，创新评价方式，逐步健全立德树人落实机制是当下基础教育评价改革的重要方向。学生综合素质评价改革旨在探讨学生素质评价的新理念与方法体系，对于推进基础教育评价改革和创新的意义重大。因此，把握学生综合素养的界定和评价标准，有助于加强育人过程和育人质量的科学性、有效性，并最终助力立德树人根本任务的实现。

下面列举的是"百名跨塘实小好少年"评选标准。

"百名跨塘实小好少年"评选标准

一、评比标准

1. 本学期被评为校级"跨塘实小好少年（三好学生）"。
2. 积极主动参加学校组织的各项活动。

3. 积极参与学校、班级的管理工作，有主人翁意识。对班级中出现的不良行为，能及时制止，分清是非。

4. 积极参与"大拇指点赞""小先生"评选等相关活动。

二、评选比例

1. "百名跨塘实小好少年"：每班4人［在"跨塘实小好少年（三好学生）"中评选］。

2. "跨塘实小好少年（三好学生）"：班级人数的20%以内。

3. 单项奖：人数不限。

三、评选原则

1. 坚持公平、公开、公正原则，对于"跨塘实小好少年（三好学生）"和"百名跨塘实小好少年"，班主任一定要通过"班级企业微信家长群"向全班家长公示，做好解释工作。

2. 重平时表现，实行全面评价，以鼓励为主，但宁缺毋滥。

"跨塘实小好少年（三好学生）"和"百名跨塘实小好少年"都需要填写申报表，一年级学生可由家长代笔。所有任课教师都要参与学生评优评先工作。如果教师同意，请教师在任教学科中签名；如果教师不同意，则不签名。

四、评选类别与评选标准

（一）守纪之星、礼仪之星评选标准

1. 课堂纪律：课堂上不讲话，不吵闹，不吃东西，不做小动作。

2. 课间纪律：课间活动不疯跑打闹，走路轻声不奔跑，不做危险游戏。

3. 活动纪律：室外活动听从教师安排，不大声喧哗，团结协作。

4. 用餐礼仪：用餐时安静有序、排队进出，不浪费粮食，回收餐盘弯弯腰、轻轻放。

5. 集会礼仪。集会时，安静肃立，统一着装；升旗时，认真听"国旗下讲话"，少先队员行队礼。

（二）劳动之星、自理之星评选标准

1. 个人卫生：讲究个人卫生，勤换衣服，勤洗头，勤剪指甲，勤洗澡。

2. 认真值日：认真打扫，保持地面干净、桌椅整齐，卫生工具要摆好。

3. 自理能力：书包、橱柜保持整洁，学具备全，物品管好。

（三）互助之星、自律之星、诚信之星评选标准

1. 孝敬长辈：尊敬师长，点滴做起，见到长辈，主动问好。

2. 爱心助人：尊老爱幼，同伴互助，热情帮助身边有困难的人。

3. 诚实守信：保持言行一致，不说谎、不作弊。

4. 身心健康：悦纳自我，肯定自我，发展自我，做快乐、健康的人。

（四）环保之星评选标准

1. 爱护校园：爱护学校的教学设备和一草一木；不乱扔垃圾，不破坏公物。

2. 爱护班级：在教室内爱护门窗桌椅、卫生工具等，不乱动计算机设备、插头和插座。

3. 低碳环保：废纸回收，人人参与，绿色出行，减少污染。

4. 节约水电：节约水源，节约用电，随手关灯，从我做起。

（五）博学之星评选标准

1. 学习主动、自觉，除体育学科之外，其余学科总评成绩均为优秀。

2. 低、中、高年级每学期课外阅读不少于10 000、15 000、20 000字。

（六）双语之星评选标准

1. 有浓厚的学习英语的兴趣，有走向世界的志向。

2. 英语学科成绩优秀。

3. 乐于用英语与人打招呼、交流，外教课认真听、大胆说。

4. 积极参加学校或社会组织的双语活动。

（七）创新之星评选标准

1. 有认真观察、积极思考的好习惯。

2. 科学课、综合研究课认真听讲，积极参加实验、探究等活动。

3. 有奇思妙想的创意，有小制作、小发明。

4. 喜欢阅读科普读物。

（八）自护之星评选标准

1. 能认真做眼保健操，保护视力。

2. 注重饮食安全，不随意购买街头小摊出售的劣质食品和饮料。

3. 学会保护自己的人身安全。

4. 会安全用电、用火、用气。

5. 学习一些救护常识。

6. 遇到挫折不惧怕，多与家长、教师或朋友沟通、倾诉，化解压力。

（九）健体之星评选标准

1. 坚持参加课内外体育锻炼，坐、立、行及读书和写字姿势正确。

2. 认真做好广播操、健美操和眼保健操。

3. 参加广播操、健美操表演和比赛或担任过领操员。

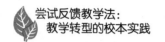

（十）艺术之星评选标准

1. 爱好艺术，积极参加课外艺术学习。
2. 歌舞、琴棋书画，至少擅长一项，在活动或比赛中，取得好成绩。
3. 专心听艺术课，认真练习。
4. 参加书法作品展览、比赛，获得好成绩。

五、教师评价：从激励走向赋能

为了激励教师增强事业心、责任感，提高工作积极性、主动性和创造性，认真履行教育教学职责，提升教学及科研工作质量，促进学校办学水平的提升，学校教师评价遵循发展性、多元性、多样性、过程性四大原则，在教师职业道德、教学能力和业务素质三个方面进行立体式、全方位评价。教学评价方式也在不断改进中，主要有以下三种方式。

1. 总结性评价与过程性评价相结合

为了让人人拥有发展的机会、进步的空间，学校每年利用区级骨干教师评选、星级教师评选及校级骨干教师评选等契机，鼓励广大教师根据要求在自主申报的基础上，根据材料民主评议及考核组表决推荐学校的参评教师，并在内网公示。同时，每个月由师训处负责对教师在教学和科研方面的情况进行评价，并对有突出成绩的教师在全校进行表彰。这样的方式客观公正，不仅关注到了每位教师的工作实绩，也提升了教师的精神素养。因此，总结性评价与过程性评价相结合，保持了评价的长期性和延续性，最大限度地实现了教师的专业化成长。

2. 学院式评价和个体综合评价相结合

学院式评价是以学院为评价对象，把团队中个体的成绩与不足，纳入团队的考评项目中，最终以团队的考评结果来反映教师个体的考评成绩的一种评价方法。这种评价方法能够有效促进教师严格自律、团结帮助，树立团队意识，发挥团队作战的优势，实现学校发展与教师进步的双赢。结合校情，在"教智融合深化年"的要求下，根据不同层次教师的发展情况，学校深入推进校中校"润泽学校"的各项工作。"润泽学校"分设清源、毓秀、凌云、德润四个学院，涵盖了学校青年教师、骨干教师、后备管理干部、班主任四支队伍。学期末，根据团队中教师的考核分，先评出等级，通过不同等级，评选出优秀学院；然后根据每个团队中每名成员的个体考核成绩，评选出本学院的优秀学员。这种个体与整体的捆绑式评价，实现了个体与团队的有效结合。以清源学院为例：学校依托三单（成长单、积分单、需求单），实现人性化、科学化评价，为教师发展保驾护航。成长单，留下成长足迹，激励教师时时牢记目标，并朝着既定目标奋进。积分单，量化评价方式，将积分与评价相结合，采用"底线+榜样"的管理模式，组建学习同盟，互相促进。需求单，彰显人文关怀，主动为学员量体裁衣、搭台铺路，有效促进各类教师的专业成长。

另外，每周的"校长有约"活动，通常是由校长对教师进行定期的谈话和评估。这种评价方法通常会结合教师个人的工作表现、态度和能力等多个方面，以便得出一个相对客观的评价。了解教师的需求和问题，并及时采取措施进行改进和提升。同时，通过面对面的交流和沟通，可以加强学校与教师之间的联系和信任，促进学校内部的合作和发展。

3. 学校名优工作室评价和教师"大拇指点赞"评价相结合

学校名优工作室评价和教师"大拇指点赞"评价相结合是一种有效的教育评价方法，可以综合多个方面的反馈来评估教师的教学效果。

学校名优工作室评价由学校优秀教师担任工作室主持人对工作室青年教师进行教学评价，以便得到一个比较公正、客观的结果。教师"大拇指点赞"评价则是一种更加大众化和直观的评价方式，由全体行政人员对教师的表现进行评价。具体的考评对象如下：开设区级及以上公开课、做专题讲座、参加学科竞赛并获奖的教师；参加区级班主任基本功比赛并获奖，获得德育类、综合荣誉类奖励的教师；发表论文（非自费发表和学校推荐发表）或在"师陶杯""蓝天杯""行知杯""教海探航"论文比赛中获一、二等奖的教师；在日常教育教学工作中有爱心行为、有创意举措的教师；被领导、社会夸赞的教师；在行政巡视、走课中有优秀行为表现的教师；被学生夸赞的教师……总之，就是在教育教学工作中有闪光点、有特色品牌的教师。我们将学校名优工作室评价和教师"大拇指点赞"评价相结合，弘扬了社会主义核心价值观，展示了以德修身、默默奉献、爱岗敬业、尽职尽责、勇于创新的跨塘实小教师形象，在全校教师中凝聚与传递了正能量。

跨塘实小以"追求有梦想的教育，创建有故事的学校"为愿景，对照"四有"好老师，适时推出"大情怀、有童心、真学识"的跨塘实小"大先生"培养工程。

近年来，学校自下而上共推出12名跨塘实小"大先生"，他们立德树

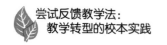

人,心怀天下,热爱儿童,立足课改,为培养下一代任劳任怨、兢兢业业地工作。

教师队伍建设既是一项长期的系统性工程,也是一个循序渐进的过程,不仅需要脚踏实地,也需要持之以恒。"润泽学校"推崇"协同发展"文化,倡导教、研、训一体化培训,优势互补,抱团前行,共同推动学校教育事业向前发展。

下面是《苏州工业园区跨塘实验小学校级骨干教师考核条例》。

苏州工业园区跨塘实验小学校级骨干教师考核条例

为了进一步推动跨塘实小骨干教师队伍建设,促进学校骨干教师致力于课堂教学研究,不断提升骨干教师的层次,发挥骨干教师的引领、示范、辐射作用,根据《苏州工业园区跨塘实验小学校级骨干教师评选方案》的相关内容,特制定本条例。

一、考核对象

学校"教坛新秀""教学能手""学科带头人"。

二、考核条例

(一)学校"教坛新秀"考核条例

1. 思想方面

以现代教育思想为指导,忠诚教育事业,立志教书育人,有良好的师德素养,作风正派,团结同志,合作精神好。

2. 科研方面

(1)注重业务进修,自觉学习教育理论,积极参与教育教学改革实践,参与校级以上(含校级)学科课题的研究。

(2)平时注重反思、经验积累,一学年有2篇学科论文在区级以上(含区级)获奖或在区级以上(含区级)教育刊物上发表。

3. 教学方面

(1)主动承担校内骨干教师公开上课任务,每学期至少完成组内公开教学任务一次,一年内至少完成校级公开课一节。

(2)在"七认真"工作中以身作则,在学校"七认真"工作检查中获得优秀,在平时教学中不断改进教学方法,探求高效的教学策略,大幅度提升教学质量,教学效果好,在可比性教学质量调研中所带班级质量要达到年级平均水平。

(3) 指导学生在校级以上（含校级）经教育行政部门批准的学科竞赛中获奖。

4. 青蓝结对方面

(1) 服从学校安排，担任新教师的师傅或参加学校磨课团队或本年度做学科专题讲座。

(2) 根据《学校青蓝结对协议》，认真履行师傅职责。

(二) 学校"教学能手"考核条例

1. 思想方面

以现代教育思想为指导，忠诚教育事业，立志教书育人，有良好的师德素养，作风正派，团结同志，合作精神好。

2. 科研方面

(1) 注重业务进修，自觉学习教育理论，积极参与教育教学改革实践，参与校级以上学科课题的研究，担任核心组成员。

(2) 平时注重反思、经验积累，一学年有3篇学科论文在区级以上（含区级）获奖或在区级以上（含区级）教育刊物上发表。

3. 教学方面

(1) 主动承担校内骨干教师公开上课任务，每学期至少完成组内公开教学任务一次，一年内至少完成校级（或校共同体交流活动）公开课一节，在校级以上（含校级）优质课评比或基本功竞赛中获奖。

(2) 在"七认真"工作中以身作则，在学校"七认真"检查中获得优秀，在平时教学中不断改进教学方法，探求高效的教学策略，大幅度提升教学质量，教学效果好，在可比性教学质量调研中所带班级质量要达到年级平均水平。

(3) 指导学生在校级以上（含校级）经教育行政部门批准的学科竞赛中获奖。

4. 青蓝结对方面

(1) 服从学校安排，担任新教师的师傅或参加学校磨课团队或本年度做学科专题讲座。

(2) 根据《学校青蓝结对协议》，认真履行师傅职责。

(三) 学校"学科带头人"考核条例

1. 思想方面

以现代教育思想为指导，忠诚教育事业，立志教书育人，有良好的师德素养，作风正派，团结同志，合作精神好。

2. 科研方面

（1）注重业务进修，自觉学习教育理论，积极参与教育教学改革实践，独立主持或实际承担（课题副组长）校级以上的教育教学研究课题（包括教育科学规划、教研课题、教育学会类课题）。通过课题研究，促进学校或学科教学改革的发展。

（2）平时注重反思、经验积累，一学期有4篇学科论文在区级以上（含区级）获奖或在区级以上（含区级）教育刊物上发表。

3. 教学方面

（1）主动承担校内骨干教师公开上课任务，每学期至少完成组内公开教学任务一次，一年内至少完成校级（或校共同体交流活动）公开课一节，在校级以上（含校级）优质课评比或基本功竞赛中获奖。

（2）在"七认真"工作中以身作则，在学校"七认真"检查中获得优秀，在平时教学中不断改进教学方法，探求高效的教学策略，大幅度提升教学质量，教学效果好，在可比性教学质量调研中所带班级质量要名列前茅。

（3）指导学生在校级以上（含校级）经教育行政部门批准的学科竞赛中获奖。

4. 青蓝结对方面

（1）服从学校安排，担任青年教师的师傅或参加学校磨课团队或本年度做学科专题讲座。

（2）根据《学校青蓝结对协议》，认真履行师傅职责。

三、考核办法

师训处根据考核条例每月28日前对学校骨干教师进行考核，考核结果报校考核组决定，达到以上要求的学校"教坛新秀"每月津贴为50元，"教学能手"每月津贴为80元，"学科带头人"每月津贴为100元；区"教坛新秀"每月津贴为120元，区"教学能手"每月津贴为150元，区"学科带头人"每月津贴为180元。(如果教师荣获区"教坛新秀""教学能手""学科带头人"，苏州工业园区予以奖励，学校则不再重复颁奖；如果教师所获荣誉有重复，则取高者)

第六章

尝试反馈教学的管理样态

为了实现跨塘实小"追求有梦想的教育，创建有故事的学校"的办学愿景，落实立德树人的根本任务，我们在管理中不断改革，在改革中不断创新，在创新中不断追求卓越，逐渐形成了具有跨塘实小特色的尝试反馈教学的管理样态。我们在管理实践中，追求着传承和变革的有效统一。正所谓，"前人栽树，后人乘凉"。我们在"乘凉"的同时，还根据管理的自然环境及生长需求，不断地"修剪大树的枝条"，以实现最优的管理实效；我们在"修剪"的同时，也精心栽种了新的小树，用心呵护，让其茁壮成长。

目前，我们厘定了学校的育人理念——"木樨花儿开，朵朵放光彩"，让教师、学生、家长、年轻干部等生命个体都有向上的成长力量，让每个梦想都有演绎的舞台。我们传承并优化了"七至管理"（"至和党建、至美德育、至慧教学、至雅课程、至真科研、至优师培、至诚服务"）的内容，使学校各方面管理"管"得有规章，"理"得很和谐。我们根据学校"新优质"的需求，推出并实践了学校卓越管理的创新模式——"五四五五"管理方略（"五个意识、四种思维、五种能力、五子登科管理法"），力争把学校打造成一所管理富有品位、文化富有特色、师生自主发展、教育质量优良、在区域内有一定影响力的"家门口的好学校"。

一、"朵朵放光彩"：育人理念和目标的厘定

"木樨花儿开，朵朵放光彩"是跨塘实小的育人理念。"木樨"是跨塘实小的校花。木樨，即桂花，属木樨科常绿灌木或乔木，常见的有丹桂、金桂、银桂、四季桂等。木樨开淡黄色的花，味道极香。

"木樨花儿开"是一种教育隐喻，传递着学校的育人气息，让全校师生都拥有绽放的美好，人人具有向上成长的力量，师生都怀着有香气的心灵，相互影响、相生相长、相辅相成。这既是跨塘实小当下的追求，也是跨塘实小未来的目标。

"朵朵放光彩"是一种生命状态，彰显着个体的发展方向，让每个梦想都拥有它的舞台，让每朵花儿都能努力绽放。这既是跨塘实小当下的实践，也是跨塘实小未来的坚持。

根据以上育人理念，我们厘定了如下培养教师、家长、年轻干部的目标。

1. 教师目标：人人争做"大先生"

习近平总书记在2014年第30个教师节前夕，提出做"四有"好老师。"四有"好老师是指有理想信念、有道德情操、有扎实学识、有仁爱之心。对照"四有"好老师，学校适时提出"大先生"培养工程，要求教师人人争做"大情怀、有童心、真学识"的"大先生"。

在中国，"先生"二字是一种尊称，是对父兄长者和教师的称呼。"大先生"更是对有德业者的尊称。《礼记·曲礼》曾云"从于先生，不越路而与人言。遭先生于道，趋而进，正立拱手"。这里的"先生"就是指教师，对教师要恭敬。只有在人格、品德、学业上能为人表率者才能称为"大先生"。跨塘实小"大先生"的要求具体阐述如下。

（1）"大情怀"的教师：信念坚定，道德高尚。

"大情怀"的教师坚持立德树人的根本任务，他们以极高的思想觉悟忠诚党的教育事业，为实现中华民族伟大复兴而辛勤耕耘，深耕教育良田，潜心教书育人。

（2）"有童心"的教师：仁爱有加，童心无减。

"有童心"的教师以儿童的视角和每名学生平等对话，正如《跨小吟》评弹中"以生为本在跨塘"的韵律，他们践行着成长中的儿童观，用发展的眼光看学生。

（3）"真学识"的教师：术业专攻，敬业精进。

"真学识"的教师以终身学习的实践，立志做"大先生"，他们不断提升专业水平。他们研究真问题，增长新才干，学习新技能，实现筑梦真本领。

2. 家长目标：人人善做"守护者"

一位优秀的家长需要不断地学习和实践，通过了解孩子的学习和成长需求，建立良好的家校关系，培养孩子的独立性和自主性，积极参与孩子的学习生活，关注孩子的身体健康，以及为孩子树立良好的榜样等措施，可以为孩子的健康成长提供有力的支持和帮助。我们拟定了以下培养家长的几个目标。

（1）及时了解成长需求。

作为家长，需要了解孩子在学校的学习情况，包括课程设置、考试成

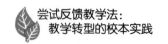

绩、兴趣爱好等。同时，家长也需要了解孩子在成长过程中的需求，包括身体、心理、社交等。通过了解孩子的学习和成长需求，可以更好地为孩子提供必要的支持和帮助。

（2）积极维护家校关系。

家长需要积极与教师建立良好的关系，及时了解孩子在学校的表现和进步情况，同时也要向教师提供有关孩子在家中的表现和进步情况，以便教师更好地指导孩子。通过家校合作，可以更好地促进孩子的成长和发展。

（3）努力培养独立性和自主性。

家长需要培养孩子的独立性和自主性，让孩子学会自我管理、自我决策和自我评价。同时，家长也需要为孩子提供必要的指导和帮助，帮助孩子掌握必要的生活技能和学习能力。

（4）共同参与学习生活。

家长需要积极参与孩子的学习生活，了解孩子在学校的学习情况，与孩子一起探讨问题，并为孩子提供必要的帮助。同时，家长也可以鼓励孩子参加社会活动，诸如社区志愿活动、文艺比赛、科技竞赛等，以培养孩子的社会责任感、领导能力和创造力。

（5）随时发挥榜样作用。

家长应该注意自己的行为举止，树立好榜样，引导孩子健康成长。同时，家长也应该与孩子进行沟通和交流，了解孩子的想法和感受，引导他们树立正确的价值观和人生观。只有这样，才能充分发挥家长的榜样作用，促进孩子的健康成长。

3. 年轻干部目标：人人勇做"凌云者"

学校年轻干部的培养主要由凌云学院来实施。"凌云"一词出自唐代著名诗人杜甫《望岳》的后两句："会当凌绝顶，一览众山小。"这一千古名句，既彰显着一种不怕困难、敢于攀登绝顶、俯视一切的雄心，也表现出有所作为的人们不可或缺的凌云壮志。

我们用"凌云"一词作为管理干部研修学院的名称，期待通过培训能培养出一支敢于创新、勇攀高峰的管理队伍，锤炼出一支具备过硬领导力、执行力、组织力、创造力的管理队伍，为学校各部门储备人才，打造出一支具有领导性、前瞻性、引领性的跨塘实小优秀干部队伍。下面具体阐述一下管理架构、导师配备、课程设置和评价激励。

第一，管理架构。凌云学院工作由学校党总支书记全面主持，校务办具体实施。书记的职责是全面主持学校的管理工作，牵头制定学校课程内容，规划学校的发展方向；指导校务办等部门落实课程计划，定期巡查课程培训活动过程，对学员进行有针对性的指导，帮助学员成长；负责学员的毕业考评工作。根据学员参与课程培训的实际成绩及平时工作落实情况，对学员进行公正、客观的考核，评定等级。校务办的职责是参与课程内容的研讨及制定，确保课程内容的科学性及可行性；负责课程内容的全面落实，组织和调度好各类培训活动的具体开展，深入各项活动，参与对学员的指导和培养工作；做好学校的各项文字工作，做好各项活动的考勤及过程性资料的收集和整理工作，并协助校长做好学员成绩的考评工作。

第二，导师配备。凌云学院下设启航、探航、领航三个班，导师由书记、校长室成员及校务办、教导处、德育处主要负责人构成。导师的职责是定期参与学员课程培训，并承担一定数量的课程培训任务，对所负责的学员进行有针对性的指导，帮助其成长；对学员的日常管理工作进行关注、指导、评价，帮助学员提升执行力与创造力，并逐步形成个人的管理风格；参与学员的考评工作，为学员最终等第的评定提供相关材料及客观、公正的导师意见。

第三，课程设置。针对年轻干部的特点和需求，建立完善的培训机制。培训内容包括思想政治理论、业务知识与技能、团队合作和沟通能力等方面。同时，采用多样化的培训方式，诸如讲座、研讨会等。课程内容主要围绕领导力、执行力、组织力、创新力展开。领导力包括如何提升自己的专业素养、人格魅力和组织领导能力，最终成为团队的核心。执行力包括如何把想法变成行动，把行动变成结果，尽快地实现自身价值。组织力包括如何明确定位，调动成员的积极性，高质量地完成工作任务。创新力包括学习抓住重点工作，脑力碰撞，思维创新，团队合作，创造性地开展活动，形成管理特色。

第四，评价激励。进行积分考核，完成"四个一"培训任务，即做一次主题讲座，带一支队伍，关心一批同事，创新一个项目。（表6-1）

表6-1 "四个一"培训任务评价表

序号	项目	分值	具体内容	自评	复评
1	做一次主题讲座	25分			
2	带一支队伍	25分			
3	关心一批同事	25分			
4	创新一个项目	25分			

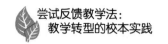

为了激励学员积极进取，提升学习效率，我们采取了一项重要措施：对于考核优秀、表现突出的学员，我们将为其提供评优评先、提干的机会。评优评先、提干的机会，是对学员表现予以肯定的最高嘉奖。这种奖励不仅可以提高学员的学习动力，还可以为他们提供一个展示自己才华的平台。同时，获得评优评先、提干机会的学员，将有机会更深入地参与到学习过程中，进一步提升自己的学习效率。

通过实施这一激励制度，我们期望能够激发学员的学习热情，培养出更多优秀的人才。同时，我们也希望广大学员能够珍惜机会，努力学习，争取在未来的学习和工作中取得更好的成绩。

二、"七至管理"：品质管理的境界与追求

学校坚持"以人为本"的理念，树立民主、科学、人本的管理思想，构建高效的学校管理机制，探索将制度化和人本化有机结合的管理模式，使学校各方面管理制度更加完善。"至和党建、至美德育、至慧教学、至雅课程、至真科研、至优师培、至诚服务"这七大模块，科学规划，分层实施，最终落实"顶层设计"，全面提升教育现代化水平，努力提升学校的教育教学质量。

1. "至和党建"——"以人为本、和谐发展"新体系

党总支坚持"五育并举，办人民满意的教育"，着力培育"至和党建"品牌，创新活动，引领全体党员在真学实做中淬炼本色，做出成效。"至和党建"努力从全方位、多角度开展党建工作创新实践，旨在通过创新学习、创新活动和打造项目，提高政治站位，强大阵地队伍，点亮"至和"品牌，从而推动组织的和谐发展与个人的全面发展。

（1）创新学习方式，提高政治站位。

理论上的认同是最根本的认同，思想上的追随是最内在的追随。跨塘实小坚持学习教育常态化、长效化。为此，我们采取了下列几项举措，推动学习方式不断创新。

第一，实行党课常态学。党支部以"三会一课"、每月主题党日活动、每周党政联席会议为载体，采取集中学习、平时自学和讨论交流等多种形式，抓好党员的思想政治建设。如：开设书记专题党课，进行党的二十大精神学习，组织党员学习习近平总书记近期的重要讲话；组织各类参观交流讨论活动，诸如莲池湖边看廉石、战"疫"先锋讲故事；党员集中观看

主旋律影片《1912》《童年周恩来》《单声》等；以赛促学，激发党员学习热情，诸如冬训知识竞赛、"学习强国"平台挑战赛、党史知识抢答赛；等等。这些形式多样的学习活动，有力有效，促使党员教师提升了政治意识。

第二，发扬书记、校长带头学。书记、校长带头学习党组织领导的校长负责制，带头讲授思政课，组织大家交流与讨论。班主任利用晨会、班队会为学生讲党史小故事，任课教师积极挖掘各学科中蕴含的丰富思政教育资源，形成各类课程与思政课同向同行的"大思政"格局。

第三，丰富形式创新学。在校园内，教师组织学生参加"喜迎二十大，筑梦向未来"系列教育实践活动。在校园外，苏州革命博物馆、苏州市名人馆、苏州古城墙博物馆、冯梦龙村，到处留下了学生探索的脚步。一系列实践活动，培养了少先队员的光荣感与组织归属感，增强了少先队对他们的吸引力。

（2）创新活动形式，夯实阵地队伍。

创新活动是"至和党建"的重要组成部分，通过开展多样化的活动，不仅能够增强党员的凝聚力和向心力，还能够夯实阵地队伍，提升党员的政治素质和工作能力，为党建工作的深入开展提供有力支撑。

第一，党建阵地标准化。学校按要求建设规范化、标准化、制度化的党员活动室，加强党建工作和校园环境深度融合，设置党建宣传栏，让"空白墙"变成"党建墙"，使其成为宣传党的路线、方针、政策的前沿阵地。

第二，群众工作精细化。通过定期调研、谈话等方式，了解群众心声；以重阳节、春节等为契机，进行走访慰问；组织教职工健身、心理团辅等活动，凝聚各方力量，传达组织关怀，在团结群众中提升组织力。

第三，教师队伍专业化。扎实推进"双培养"工程，形成业务骨干向党组织靠拢、党员争做业务骨干的良好态势。近年来，学校建设师生成长平台 23 个。多名党员发挥先锋模范作用，带头开设区、市级公开课，做专题讲座，参加学科竞赛、班主任基本功竞赛，积极撰写论文。2022 年 7 月，陈潇峰被评为"园区教育系统优秀共产党员"，盛建芬被评为"园区教育系统优秀党务工作者"，"至和党建"助力学校教育工作实现新突破。

第四，共建活动常态化。学校与新疆伊犁州霍尔果斯市丝路小学加强交流，两校各部门进行共建活动，两校师生手拉手，开展书信交流等活动，"至和党建"助力两校立德树人工作迈出新步伐。

第五，志愿服务系列化。学校教师定期参加志愿服务工作，2023 年暑

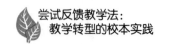

期,以满满的热情投身于企业志愿服务之中,为苏州江南嘉捷电梯有限公司的职工子女带去了一份暖心的关怀——心理团辅游戏课程。教师的到来如同清凉的甘泉,为孩子们送去了清凉的慰藉,弘扬了奉献精神。

(3) 打造特色项目,点亮"至和"品牌。

"至和"是跨塘实小旁边的一条路名,用这个作为党建品牌易于被党员及群众所接纳。"至和",意为"达到和谐"。"至和党建"通过组织共建、资源共享、活动共联,调动各方力量,打造以校训"积极进取,永无止境"为指南,以校风"以人为本,和谐发展"为口号,以"和乐师生,和畅家校"为目标的党建品牌。

学校开展"校长有约·大拇指点赞教师"行动,努力使线上、线下齐头并进,建立了教师群像馆。主要内容分为六大板块:"名师风采",展示骨干教师风采;"跨塘实小之星",展示教师以身作则、率先垂范的先进事迹;"榉香论作",展示教师创新教育教学科研的成果;"榉园漫读",展示教师在读书中的收获;"才艺秀场",展示教师的各种特长;"获奖喜报",展示教师获得的重大荣誉。该行动全方位地尊重了每一位教师的劳动成果与成长经历,增强了教师的成就感。

从政治学习到提高站位,从群众工作到夯实队伍,从创新项目到点亮品牌。回顾以往工作,每一项成绩的取得都离不开全体教师的共同努力。新学期,跨塘实小党组织将更加关注学校的内涵发展,努力探索适合时代要求、卓有实效的教育途径,将党建工作和中心工作更加融合,提升教育的活动实效,谱写人民满意的教育新篇章。

2. "至美德育"——"各美其美、劳动之美、美美与共、向美而行"新理念

跨塘实小努力构建具有学校特色的"至美德育"体系。依托苏州市中小学家庭教育课程项目平台,加大家校携手共育的力度。依托学校梦想课程体系,将生命教育融入课程内容,变"知识课堂"为"生命课堂",构建以预防为主的心理危机干预体系,并通过一系列的文化育人活动课程,促进学生全面发展和健康成长。

(1) "各美其美",关注心灵成长。

结合中秋节、国庆节等节日开展走近传统文化、爱国工匠等活动,将传统文化、爱国精神列入思想政治教育的必修内容,培养学生热爱祖国的情感,让学生勇于追求梦想。我们通过"心语心愿跨塘实小星空"和校园心理节的一系列团辅活动,让每一名学生的生命活力都得以自由、能动地展现。

（2）"劳动之美"，拓宽教育边界。

在德育处的省级课题"依托地域资源，开创'新劳动教育'育人模式的实践研究"的指引下，我们结合《幸福劳动手册》的指导，深化开展"跨塘实小萌厨"活动和"红领巾假日小队"活动。这些活动不仅使学生充分体验到劳动的乐趣，更让他们通过走入社会开展劳动，了解社会的运转和各行各业的基本运作情况。

学校以"追求有梦想的教育，创建有故事的学校"为办学愿景，努力引导教师争做"大先生"，学生乐做"小先生"。通过党建引领，我们开展"相约2035梦想课程"，提升教学质量。

此外，优化整合资源，扎根一线办教育。我们在苏州青剑湖社区成立了"梦想助力中心"，联合党建同盟单位开展一系列的职业体验活动，组织学生到银行扮演"小小银行家"，了解银行工作人员的工作内容；组织学生参观苏州姜思序堂国画颜料有限公司，感受国家级非物质文化遗产的魅力；组织学生参观苏州江南嘉捷电梯有限公司，了解电梯生产过程中的故事……一系列体验活动，点亮学生梦想，助力他们成长。在教育过程中，我们强调个性化学习。每名学生都有自己独特的学习方式，因此，我们鼓励学生在自己感兴趣的领域进行深入探索和学习。

（3）"美美与共"，夯实家庭项目。

学校进一步优化申报的苏州市中小学家庭教育课程项目，发挥学校教育的引领辐射作用；成立特色项目"榉香园"家庭教育志愿团核心领导小组，确保研究有制度、有保障，通过定期分享的家庭教育经验，不断加强家庭教育理念；不断壮大家庭教育的骨干队伍，鼓励更多的家长参与学校的各级各类教育活动，为更好地开展亲子互动创造有利条件；把握一个个细微的落脚点，提升家校携手的有效性，形成校园、家庭、社会"三结合"教育合力，促进孩子全面、健康地发展。

学校坚持开展党建书记项目——"父母日记"。基于全校学生中七成为外来务工子女、家庭教育良莠不齐的现状，学校以"父母日记"为党建抓手，组建"帮帮团"深入家庭，通过"日诵承诺文、日查问题、每日解决问题"的"三步走"家教策略，大大提升了家庭教育水平，保障了学生身心健康，产生了良好的社会效应。

不仅如此，学校还开展丰富多彩的家长入校活动，诸如邀请专家进校园做家庭教育讲座，进行感统训练的专业指导，传输正面管教理念，开展家长讲坛、家校沙龙，等等。党员志愿者也积极走进社区，举办讲座，输送先进的教育理念，开展义务咨询，为家长答疑解惑。党员骨干教师的先锋模范作用，让跨塘实小"至和党建"品牌闪闪发光。

（4）"向美而行"，加强队伍建设。

班主任队伍是实行班级管理工作的核心，全体班主任都应该拥有一颗责任心。本学期学校将继续进行班主任能力培训，加大德育队伍的建设，组织班主任参加各种德育理念、德育方法、学生管理的培训活动，并开展具有针对性的、有时效性的德育活动，注重校本培训，全面提升德育工作水平和能力。

3. "至慧教学"——"尝试反馈、轻负高效"新途径

学校以"尝试反馈"为抓手，以"轻负高效"为目标，进一步规范教师教学行为，推动学校教学改革，向课堂教学要效益，高位发展，形成在苏州工业园区有一定影响力，并具有跨塘实小特色的"至慧教学"品牌。

（1）逐浪教改，开展"自主探究式学习"场景实践。

"5G+智慧教育"给学生提供了数据学习环境及场域，"易加学院"平台、新型教学资源的开发，其中 VR、AR（Augmented Realit, 增强现实技术）、AI（Artificial Intelligence, 人工智能技术）等技术的运用促使我们进一步推行 5G 支撑下尝试反馈课堂教学模式。

第一，开展"自主探究式学习"模式的初步实践。立足教研备课组活动，以 5G 技术为支撑，衔接"前学、研学、延学"三大环节，通过"尝试——反馈——再尝试——再反馈——新知建构——泛在学习"，形成生本"自主探究式学习"的良性循环。

第二，加强尝试反馈学习单和"三卡一笔记"学习工具的使用。在原有的研究基础上进一步探索实践，形成以尝试反馈学习单线性融合"课前引学、课中探学、课后延学"，以"三卡一笔记"促进生本教育理念下学生"自主探究式学习"习惯的培养。

第三，注重读学、玩学、探学、写学"四学"学习路径的应用。结合学科特点，有效引导学生开展"四学"活动，不断引领学生激发兴趣，展现创意，开展多维度"自主探究式学习"。

第四，搭建"自主探究式学习"的全方位展示舞台。学生的展示舞台将全方位呈现，诸如课堂、图书馆、蔬菜园、周节活动现场、线上交流平台等。展示的内容也将不仅仅是个人的才艺，还包括个人的探索、同伴的合作、思维的激荡都将成为舞台的风景。

(2)加强管理,建立校园质量管理体系。

学校加强"七认真"教学管理:继续推进学科学案设计,注重尝试反馈理念下"前学、研学、延学""自主探究式学习"的设计。全校各部门联合,每月设立一周为"走课周",每周行政部门分工开展走课活动,并及时反馈。为了促进"走课周"活动常态化,我们采取了如下举措予以强化,以促进活动向纵深推进。

第一,设计"木樨教研"公开课统计表。该统计表涵盖各学科教研组公开课安排统计表及语文、数学、英语备课组公开课安排统计表等。

第二,建立校园线上辅导机制。如:对于长期不能来校的学生,教师及时开展线上同步教学;对于学习困难的学生,教师建立班级线上学科辅导群,在线进行学习资源的分享与专题解答,并邀请班级"小先生",开展同伴互助学习。

第三,进一步应用"易加学院"平台。学校以大数据的形式清晰呈现学生的学习动态,促使教师有效制定后续教学策略。

(3)注重特色,建设富有创意性的校园文化。

学校延续并积极建设"萌小说"创写体系升级工程,特别是加大其他学科"萌小说"创写体系的开发工作,改良创写本,改进评价体系,优化学生"萌小说"展示平台,让"萌小说"创写课程和统编教材紧密结合。

学校立足课堂的同时,结合校园周活动、社团活动,深入实践,并推进"智慧数学""阶梯英语""江南船拳"等建设;通过学科特色文化创建工作,不断实践校园办学理念"木樨花儿开,朵朵放光彩"。

4."至雅课程"——"雅言美行、秀外慧中"新人才

在苏州工业园区教智融合、优质均衡发展的大背景下,我们且思且行,校本课程从1.0版的"木樨课程",升级到2.0版的"至雅课程",再到3.0版的"梦想课程"。校本课程不断迭代更新,朝着纵深方向发展。

(1)筑梦课程——播种梦想。

我们依据学科特色,打造学科延伸课程,诸如语文学科的"萌小说"、数学学科的"智慧数学"、英语学科的"阶梯英语"、体育学科的"江南船拳"、音乐学科的"昆曲评弹",通过体验、创造、表演、欣赏、交流等方式,让学生尽情地、自由地参与多种课程,为学生打造个性化的成长课程,满足学生个性化、多元化的发展需求。各学科还开发了学科育人故事,以故事的形式引导学生了解榜样人物,学会筑梦、逐梦。

(2) 追梦课程——拥抱梦想。

学校的上百个班级社团能满足全体学生的兴趣爱好，分年段递进式教学，打破年级界限，以兴趣特长编组，呈现梯队式培养模式。课程实施采用"七认真"管理模式，并纳入月度考核之中。

学校利用教师"具身资源"开发"师本课程"，开发设计"悦读时刻""智慧探索""乐享劳作""艺术创作""体育健康"五大"师本课程"；利用"微论坛"和"课程大家说"等活动，鼓励教师开发、整合、创新、规划课程，从而达到课程最优、受益最大的目标。2022年，学校共培植了"泥丸贴碗""爱上绘本""智慧探索""趣味黏土"等20多个"师本课程"。

(3) 翔梦课程——放飞梦想。

为了给学生搭建翔梦舞台，学校开发阅读节、数学节、双语节、体育节、科创节和艺术节六大节日课程和春节、清明、端午、中秋四大节气课程，通过课程感受苏州文化及家乡变化，助力学生在经典浸润中拔节成长，在艺术熏陶中绽放自我，在阳光运动中追逐梦想，在创新实践中增长智慧，在科学技术中提升能力，在行走探索中增强自信。

5. 至真科研——"全员参与、真研实做"新局面

我们致力于打造"学习型""研究型""实践型"科研骨干教师队伍，为学校储备后备科研力量；完善三级课题网络，确保每年的科研课题量在原有基础上有20%的增长，在研课题和结题课题都能呈现正态分布；全力执行教科研考核制度，公正、公平地考核教师的科研工作，增强教师参与科研的积极性和自信心，形成鲜明的教科研特色，争创苏州工业园区科研型学校。

(1) 课题研究规范化实施，促进教师专业化发展。

在教育科研工作中，我们始终坚持"至真科研"的指导思想，以促进教师专业化发展为目标，通过规范化实施课题研究，不断提升学校的教科研水平。我们主要从课题管理、课题研修、过程督查、专业发展多个方面进行。

第一，抓实课题管理。在课题研究过程中，实行菜单式管理，确保课题研究工作的有序进行。我们制订了详细的课题研究计划和时间表，并定期对课题进展情况进行检查和评估，及时发现和解决问题，确保课题研究的质量。

第二，推进课题研修。我们将课题研修与教研活动紧密结合，通过组

织专题讲座、研讨会、经验交流等活动，为教师提供学习机会和交流平台，帮助教师深入了解课题研究的内涵和要求，提升教师的科研能力和水平。

第三，加强过程督查。我们依托网络平台，对课题研究进行过程性管理。教师可以通过网络平台及时上传课题研究进展情况、研究成果等相关资料，以便学校对课题进行全程跟踪和指导。

第四，促进教师专业发展。在课题研究过程中，我们始终坚持将课堂作为主阵地，通过开展课堂教学实践、教学反思、教学研讨等活动，不断增强教师的教育教学能力，提升教师教学的科学性。

（2）精心搭建成长平台，促进科研队伍逐步壮大。

为了培养一支学习型、研究型、创新型的科研队伍，我们采取了以下几种措施：

第一，抓好两支队伍。我们重点培养教育教学成熟型的毓秀团队和热爱阅读、衷于写作的科研探航队。对于毓秀团队，我们以"导师制"为抓手，通过课堂教学范式引领、教育热点群式研讨等方式，为教师搭建成长平台，提升教师的教育教学水平。对于科研探航队，我们以科研为基础，通过研究教学理论、教学手段等，充实教师的理论知识，提升教师的教学科研水平。

第二，建立学习共同体。我们鼓励教师之间开展合作学习、交流和分享，通过建立学习共同体，促进教师共同成长。我们定期组织教师参加各级各类培训和学习活动，鼓励教师积极参加学术交流和研讨活动，增强研究能力，提升教师的专业素养。

（3）科研成果典型化推广，促进内涵建设稳步发展。

在课题研究方面，我们不仅注重研究过程和成果的质量，还注重推广和宣传工作。我们通过以下措施，努力将科研成果转化为实际生产力，推动学校的内涵建设稳步发展。

第一，加强成果总结和宣传。在课题结题后，我们及时组织教师对研究成果进行总结和提炼，撰写相关论文、报告和案例等材料。同时，我们还积极利用校内宣传平台和社交媒体等渠道进行宣传和推广，提升学校的知名度和影响力。

第二，建立合作机制。我们积极与各类杂志社、出版社等机构建立合作关系，将高质量的教学论文、课题报告、案例研究等成果进行发表或出版，进一步扩大学校的知名度和影响力。

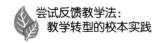

6. "至优师培"——形成"一校四院、按需研训"新机制

"润泽学校"下设的清源、毓秀、凌云、德润四个学院继续秉承发展好四支教师队伍的宗旨,在青年教师培养、骨干教师引领、德育骨干孵化、管理干部历练中不断努力探索。各个学院领衔人认真梳理四个学院发展路径,同时依托行政骨干开展好典型引路、行政助推教师活动,脚踏实地根据前期制订的计划开展相关活动,共同推动学校骨干教师的成长,继续提升跨塘实小教育人才的能力。

(1) 进阶读写,联合研修,增强清源学员教育教学能力。

清源学院聚焦阅读,一如既往地深入推进青年教师读书活动,让读书走进学院发展的核心区,成为青年教师的成长标配。"读书"经历三部曲:一是自主阅读;二是读书打卡;三是专栏分享。全校百名教师团队共读《给教师的一百条建议》,录制阅读视频,读经典,谈体会,共同提升教师专业素养,将阅读进行到底。

(2) 尽其精微,开展区、校两级培训,加快全校教师专业发展。

结合学校主题工作,各学院继续完成 2023 年校级发展的幸福课程培训计划,深化落实学校幸福课程,全面统筹区级培训活动(包括基地校培训、能力提升工程培训、网络培训等),确保每位教师年终继续教育学时 100% 达标,完成 2023 年跨塘实小区级学时校本培训任务及区级"研究性学习与社团建设"基地校培训。

(3) 追光而行,落实骨干榜样推选,提高骨干教师指数分值。

各学院开展校级骨干教师评选工作,推选出 2023 年校骨干教师,并在微信公众号上不断宣传跨塘实小的年轻骨干,点燃青年教师的工作热情,从而快速提高学校的骨干教师分值。深入推进跨塘实小"大拇指点赞"教师活动,教师"大拇指"兑换超市继续开张营业,校刊《跨塘实小之光》完成组稿、审稿工作,让这些带着跨塘实小之光的教师被其他教师学习与借鉴,被家长与社会"看见"。

7. "至诚服务"——树立"一切为了师生"新观念

我们充分挖掘、有机整合办学资源,建设和谐校园;营造安全、洁净、绿色的校园环境,达到人与环境的和谐;加强设施设备的维保、爱护公物的教育,达到人与物的和谐;提升服务人员的服务意识、服务技能,达到人与人的和谐。

(1) 人与环境的和谐。

一个安全、洁净、绿色的环境对师生的健康成长至关重要。通过加强校园安保措施，我们为师生提供了一个安全的校园环境，让他们能够安心地投入教学和学习中去。通过建立健全校园安保机制，实施人防、物防和技防措施，完善网络和信息安全防范体系，我们确保了校园的安全与稳定。同时，为了培养学生良好的卫生习惯，我们提高了保洁频率，并倡导学生养成讲卫生的习惯，使校园始终保持洁净。此外，我们还加强了校园植物的养护工作，培养学生爱护植物的情感，让校园处处充满生机与活力。通过培养学生讲卫生的习惯和爱护植物的情感，我们不仅美化了校园环境，还培养了学生良好的生态素养和环保意识。这些素养和意识将伴随学生的一生，让他们成为具有社会责任感和环保意识的新时代人才。

（2）人与物的和谐。

在当今信息化时代，技术是推动教育发展的重要力量。我们致力于优化教学资源配置，确保师生能够方便地使用各种教学设施，从而增强教学效果，提升学习效率。通过优化资源配置，配足、配齐各类教学资源，我们能够更好地满足师生的需求。同时，我们还注重加强日常设施的维保管理工作，提高使用率，充分发挥硬件在教育教学中的重要作用。这些举措将助力学校打造数字化校园，实现教育现代化。

（3）人与人的和谐。

以人为本，服务先行。我们强调树立一切为了师生的服务理念。在日常工作中，我们注重培训员工，强化这一观念的落实。通过建立奖惩制度，保障和巩固服务成效，激励员工不断提升自身的技能水平。同时，我们还鼓励员工通过多种渠道提升自身的服务水平，为师生提供更优质的教育教学服务。这些举措不仅增强了员工的工作积极性，也提高了整体的服务质量。

三、"五四五五"：卓越管理的实践与探寻

社会在发展，时代在变化，学校管理中的生态环境和生命个体也发生了变化。根据新优质学校的发展需求，我们且行且思，逐渐形成了具有跨塘实小特色的卓越管理的创新模式——"五四五五"管理方略。

从学校管理的角度来说，卓越管理是指以办学愿景为方向，不断寻求创新和改进方式，以创造一个高质量的教育环境，并实现学校持续、健康地发展。在学校管理中，我们需要关注学生的需求和全面发展，创新教育教学方式，建立科学的管理体系和制度，以及营造良好的文化氛围和建立

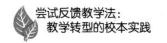

稳定的合作关系。

卓越管理是一种追求，它要求不断创新和实践，以实现学校的长远发展和价值最大化。卓越管理需要管理者和教师不断学习和适应变化，追求卓越的绩效和价值。卓越管理也是一种文化，它鼓励教师积极面对挑战和尝试新的方法，促进学校内的合作和协同。

1. 螺旋回馈，激励反哺，树立"五个意识"

安全意识排第一，警示不可懈怠；管区意识排第二，提示强化职责；协同意识排第三，强调合作共赢；创新意识排第四，勇于积极变革；传播意识排第五，重视辐射效应。"五个意识"相互作用，螺旋发展，激励反哺，推动管理之轮向前行进，简化了工作的流程，优化了工作的标准，提高了工作的效率。

（1）安全意识。

安全意识是指学校对学生的安全教育、管理和防范措施，以及教职工在校园安全管理中的职责和意识。校园安全意识的提升可以帮助学校有效地减少和避免校园安全事故的发生，保障学生的人身安全和财产安全。校园管理中安全意识不可忽视，安全工作需要常抓不懈。校园管理中安全意识的提升需要学校、教职工和学生的共同努力，共同维护校园的安全和稳定，保障学生的健康成长。为此，在校园安全方面，我们着力抓细、抓实如下几个重要环节：

第一，加强安全教育。学校应该加强安全教育，教育学生遵守交通规则，不私自外出，不携带危险物品，等等。同时，学校还可以通过开展安全演练、组织安全知识竞赛等形式，增强学生的安全意识。

第二，建立学生档案。学校应该建立健全学生档案，包括学生家庭情况、性格特点、爱好特长等，以便更好地了解学生情况，针对不同学生的特点进行个性化管理。

第三，加强校园巡逻。学校应该加强校园巡逻，及时发现和处理校园内的安全隐患，维护校园安全和稳定。

第四，建立家校合作机制。学校应该与家长建立良好的合作关系，共同关注学生的成长和发展。通过家长会、家访等方式，及时了解学生的家庭情况和思想动态，共同促进学生的健康成长。

第五，加强教职工培训。学校应该加强对教职工的安全培训和教育工作，提升教职工的技能水平，增强教职工的安全意识，确保教职工能够有效地履行校园安全管理职责。

(2) 管区意识。

管区意识主要是指学校通过划分不同的管理区域，明确各区域的管理责任和义务，形成全校范围内有效的管理网络，实现管理的全面覆盖和有效执行。下面是针对校园管理中管区意识的工作建议：

第一，明确管理区域。学校可以将校园划分为不同的管理区域，诸如教学区、运动区、生活区等。每个区域都有相应的管理职责和义务，各区域之间需要协调配合，实现全校范围的有效管理。

第二，加强区域自治。学校应该赋予各区域自治的权利和义务，让区域的负责人或团队管理者能够自主地管理和维护本区域的秩序和安全。同时，各区域也应该积极响应全校性的管理要求，做好与其他区域的协调配合。

第三，强化统一管理。尽管各区域有自治的权利和义务，但学校应该强化统一管理的意识，确保全校范围内的管理标准和要求的统一性和一致性。

第四，建立管理反馈机制。学校应该建立管理反馈机制，及时收集各区域的管理意见和建议，对管理过程中出现的问题和困难进行及时的反馈和处理。

第五，加强管理培训。学校应该加强对管理人员的培训和教育工作，提升他们的管理素质和管理技能水平，让他们更好地履行管理职责。

总之，校园管理管区意识的提升需要全校教师、管理者的共同努力，通过明确管理区域、加强区域自治、强化统一管理、建立反馈机制及加强管理培训等措施，实现全校范围内有效的管理网络的建立和高效的管理方案的落实。

(3) 协同意识。

协同意识主要是指学校管理者之间、管理者与教师之间、教师与教师之间、教师与学生之间，以及学生与学生之间形成协同合作的意识。校园管理中协同意识是提升学校管理水平和教学质量的重要因素。通过加强沟通与合作、建立共同目标、相互尊重和支持、积极倾听和回应、培养团队合作能力和保持开放心态等多种方式，可以培养校园管理协同意识，促进学校和谐稳定的发展。我们可以从以下几个方面开展工作：

第一，加强沟通与合作。学校管理者之间、管理者与教师之间、教师与学生之间、学生与学生之间应加强沟通与合作。通过有效的沟通与合作，可以促进上述四者之间相互了解和信任，增强协同意识，提高合作效率。

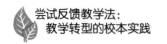

第二，建立共同目标。学校应建立共同目标，让所有人都能够明确学校的愿景和使命。在共同目标的指引下，可以增强团队的凝聚力和向心力，提升团队的协作能力。

第三，相互尊重和支持。学校成员之间应相互尊重和支持。每个人都是团队的重要成员，每个人都有自己的优点和缺点。只有相互尊重和支持，才能形成协同意识，建立良好的合作关系。

第四，积极倾听和回应。学校成员应积极倾听和回应其他成员的意见和建议。这样可以增强团队的互动性，提高协作效率，促进信息的流通和知识的共享。

第五，培养团队合作能力。学校应注重培养团队成员之间的合作能力。通过培训和实践，让团队成员学会如何更好地合作，协同完成任务和实现目标。

第六，保持开放的心态。学校成员应保持开放的心态，接受新的思想和方法。只有不断学习和成长，才能保持协同意识和增强合作能力，提升学校的整体水平。

（4）创新意识。

创新意识主要指在校园管理中不断探索、研究、创新，以适应教育改革和发展的需要。在校园管理中，创新意识是推动高校不断发展的重要因素。只有不断进行管理创新，才能适应高等教育改革和发展的需要，为培养高素质人才创造更加优质的环境。下面是针对创新意识的工作建议：

第一，管理理念创新。要树立以人为本的管理理念，把教师和学生作为管理的核心，突出他们的主体地位，促进他们的全面发展。

第二，管理体制创新。要探索适应教育改革的管理模式，注重目标管理和绩效管理，建立科学的评估体系和激励机制，提升管理效能和服务质量；要建立健全校园管理体制，包括教学管理、学生管理、科研管理、财务管理等，明确各级管理机构的职责和权力，提升管理效率和服务水平。

第三，教学方法创新。要注重教学方法的创新，推广研究性学习、探究式教学、小组讨论等多样化教学方式，培养学生的创新精神和实践能力。

第四，信息技术应用。要充分利用信息技术手段，建立数字化校园、智能化校园，提升管理效率和服务水平，为学生和教师提供更加便捷、高效、优质的服务。

第五，文化氛围营造。要注重校园文化氛围的营造，弘扬创新精神，鼓励学术自由，促进学术交流，为校园管理创新提供良好的文化支撑。

（5）传播意识。

传播意识是指在学校工作中，注重传播和交流，能通过积极主动的方式，展现个人或团队工作的理念、方法和成果，以提升工作中的影响力。这些主动传播的意识，可以帮助管理者更好地履行职责，提升管理水平，增强工作效能。同时，管理者还需要注重自身的学习，在不断地传播过程中，不断成就更优秀的自己，不断完善自己的管理能力。具体来说，我们可以从以下两个方面入手：

第一，加强传播环境建设。学校应注重校园文化的建设，创造一个积极向上、开放包容、特色鲜明的校园文化传播氛围，提升校园文化的内涵，使其更加丰富多彩，被师生所认同和接受。

第二，拓展传播途径。学校应该积极拓展传播途径，定期组织各类交流活动，诸如文艺汇演、文化节、讲座、展览等，为师生提供丰富多彩的体验和交流机会，让更多的师生敢于传播、乐于传播、善于传播。

2. 多元思考，兼收并蓄，培育"四种思维"

（1）尝试反馈闭环思维。

尝试反馈闭环思维是指在学校管理中，通过有规则、有方案、有尝试、有检查、有反馈的工作机制，将管理过程中的各个环节相互连接，形成一个闭环的思维模式，以便更好地增强管理效能，提升工作质量。下面是针对学校管理中运用尝试反馈闭环思维的工作建议：

第一，建立反馈机制。学校管理者应建立完善的反馈机制，及时收集教师、学生、家长和社会各方面的意见和建议，并对这些意见和建议进行分类、整理和分析，以便更好地改进管理措施和教学方法。

第二，实施教学质量监测。学校管理者应实施教学质量监测，通过听课、查阅教案、组织考试等方式，及时了解教师教学情况和学生掌握知识的情况，针对发现的问题，及时采取措施加以解决。

第三，加强学生综合素质评价。学校管理者应建立学生综合素质评价制度，从德、智、体、美、劳等多方面评价学生，并把评价结果与学生的升学和毕业挂钩，以便更好地激励学生全面发展。

第四，建立数字化校园平台。学校管理者应建立数字化校园平台，将管理、教学、学习、生活等各方面有机地融合在一起，通过数据分析和监测，以便更好地掌握学校管理的运行情况和改进方向。

（2）问题解决科学思维。

问题解决科学思维是指以科学的方法和思维来解决学校管理中的问

题。这就要求将民主的方式与科学的态度相结合，以此来解决问题。跨塘实小的管理者对待学校管理中的问题应持有的态度：一是问题是实践的起点，解决问题是实践的关键；二是不仅要重视问题，还要慢慢喜欢上问题；三是问题发生后，扬长避短是较好的策略；四是有时需要淡化问题，等待个体的自我修复。下面是针对学校管理中运用问题解决科学思维的工作建议：

第一，发现问题。在管理过程中，学校管理者要善于发现问题，包括教育教学、学生管理、后勤保障等方面的问题。发现问题需要学校管理者有敏锐的观察力和深入了解学校运行的能力。

第二，分析问题。在发现问题后，学校管理者要对问题进行深入的分析和研究。要了解问题的本质和根源，分析问题产生的原因，并考虑可能的解决方案。在这个过程中，需要运用科学的方法和思维，以确保问题得到准确的分析和全面的解决。

第三，制订解决方案。在对问题进行了深入的分析后，学校管理者要制订解决方案。解决方案要基于科学理论和研究，要有明确的目标和计划，同时要考虑各种可能的后果和风险。

第四，实施解决方案。制订好解决方案后，学校管理者要将其付诸实践。在实施过程中，学校管理者要密切关注解决方案的良好成效和不良后果，并根据实际情况进行及时的调整和改进。

第五，评估和总结。在解决方案实施完成后，学校管理者要对解决方案的效果进行评估和总结。这就要求学校管理者要了解解决方案是否解决了问题，是否增强了学校的管理效能，是否提升了教育质量。同时，学校管理者也要总结经验教训，为未来的管理实践提供参考。

（3）整体构架系统思维。

整体构架系统思维是指将学校管理作为一个整体，以系统思维来分析和处理其中的问题。这就要求我们去整合、去调动资源为我们所用；每个项目都要有整体的架构，要有系统化的思维去建构课程、教学体系与培养体系。下面是针对学校管理中运用整体构架系统思维的工作建议：

第一，确定管理目标。学校管理的目标是提升教育质量，促进学校发展，优化学生的学习和生活环境。因此，在分析和处理问题时，学校管理者应以此为目标，寻求科学、合理的解决方案。

第二，考虑综合因素。在制定规章制度和相应措施时，学校管理者要考虑各种相关因素，包括教育教学、学生管理、教职工管理、校园文化建设等。同时，学校管理者还要考虑学校内外部环境、教育政策、社会需求等因素。

第三，建立管理系统。为了实现学校管理的整体优化，学校管理者需要建立一个完善的系统。这个系统应包括目标设定、计划制订、结构组织、资源配置、过程控制和结果评估等环节。同时，学校管理者还需要明确各级管理层的职责和权力，确保管理的有效性和科学性。

第四，优化管理流程。学校管理的流程需要不断优化，以提升管理水平。这包括学校管理者对各个环节进行分析、评估、改进和优化，使整个管理过程更加科学、高效和可靠。

第五，关注反馈和评估。在管理过程中，学校管理者需要关注反馈和评估，及时发现和解决问题。同时，学校管理者也需要对管理效果进行科学的评估，以便了解管理的成效和不足之处，为未来的管理提供参考。

总之，整体构架系统思维需要将学校作为一个整体，以系统思维来分析和处理管理中的问题。通过确定管理目标、全面考虑综合因素、建立管理系统、优化管理流程、关注反馈和评估等措施，可以促进学校的整体发展和提升教育质量。

（4）行动哲学故事思维。

行动哲学故事思维是指学校管理者不仅要身体力行，还要通过讲述具有启示性和引导性的故事来影响后续管理的行为和决策。这就要求我们学会让梦想照进现实，用行动写下故事。学校管理者不要坐而论道，要率先垂范，身体力行。同时，学校管理者还应当自己或动员自己所管辖范围内的人讲述哲学故事，以及家长、社区共同成长的故事等。下面是针对学校管理中运用行动哲学故事思维的工作建议：

第一，故事的选择。我们可以选择具有启示性和引导性的故事来影响学校管理者的行为和决策。这些故事既可以是学校管理者自身管理中的事实范例，也可以是教育领域的经典案例，等等。

第二，故事的呈现。我们可以将故事以适当的方式呈现给学校管理者，诸如通过讲座、研讨会、工作坊、阅读材料等方式。在呈现故事时，我们需要注意故事的针对性和实效性，确保其能够引起学校管理者的共鸣和带给学校管理者一些启发。

第三，故事的反思。学校管理者需要反思故事，将其与自己的管理实践相结合，思考如何在自己的工作中运用从故事中得到的启示。这种反思过程可以通过个人思考、讨论交流、撰写心得体会等方式进行。

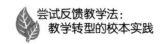

第四，故事的应用。我们可以将从故事中得到的启示运用到实际管理工作中，诸如制定新的管理政策、改进管理流程、调整管理策略等。同时，我们需要不断监测和评估应用效果，并根据反馈进行必要的调整和改进。

第五，故事的持续讲述。我们可以通过不断讲述和呈现新的故事，保证学校管理者对行动哲学故事思维的关注。同时，我们也可以通过建立故事库、开展故事创作比赛等方式，促进故事的广泛传播。

总之，学校管理中行动哲学故事思维是一种有效的管理思维。我们可以通过选择故事、呈现故事、反思故事、应用故事和持续讲述故事等措施，激发学校管理者的思维和创造力，提升其管理能力和水平，进而促进学校的整体发展和教育质量的提升。

3. 将勤补拙，尽心竭力，坚持"五种能力"

多观察、多学习、多交流、多思考、多服务是学校管理者需要具备的"五种能力"。学校管理者通过不断观察和学习，可以更好地应对变化和挑战；通过交流和思考可以更好地协调各方面的利益和关系；通过提供优质的服务可以更好地满足师生和社会的需求。这些能力的运用，将有助于提升学校的教育教学质量和管理水平，促进学校的整体发展，提高学校的综合竞争力。

（1）多观察。

学校管理者关注国家教育的发展趋势、新疆伊犁州霍尔果斯市丝路小学的发展动态，观察学校教师、学生、家长的情况。具体而言，学校管理者可以经常观察教育教学情况，诸如教师的教学方法、学生的学习状态、课堂氛围等，以便了解教育教学中的优点和不足。同时，学校管理者也可以观察学生管理的情况，诸如学生行为习惯、心理状态、课外活动等，以便了解学生发展中的问题和需求。通过观察，学校管理者可以及时发现教育教学和学生管理中的问题，为其及时改进提供依据。

（2）多学习。

学校管理者可以向同行学习，向网络学习，向师生学习。一般来说，学校管理者可以通过学习教育理念和管理知识，以提升自己的管理能力和专业素养。如：学习国内外先进的教育理念和教学方法，引进适合学校发展的教育教学理念、学习先进的管理知识，诸如领导力、团队建设、沟通技巧等，以提升自己的管理水平和能力。同时，学校管理者也可以通过参加教育研讨会、论坛等交流活动，与同行一起探讨教育教学中的问题。

(3) 多交流。

学校管理者可以通过交流与沟通，团结同事，关心教师与学生在学校的生活，消除误解，共同前进。学校管理者可以与教职工、学生和家长、社区等进行交流，以便了解他们的需求和意见。如：与教职工交流教育教学和学生管理中的问题，共同探讨解决方案；与学生和家长交流，了解学生在学习和生活中的问题和需求，为学校提供改进的依据；与社区交流，了解社区对教育的需求和期望，便于学校制订更好的教育计划。

(4) 多思考。

学校管理者需要经常思考学校发展的脉络，思考教师和学生发展的策略，思考如何提升教育质量、促进学校发展、优化学生的学习和生活环境等问题。如：思考如何调整学校的课程设置、改进教学策略，以满足学生的学习需求；思考如何优化学校的管理制度、提升管理效率，以促进学校的整体发展；思考如何改善学生的学习环境和活动设施、关注学生的心理健康，以提升学生的学习和生活质量。

(5) 多服务。

学校管理者需要为教职工、学生和家长、社区等各方面提供优质的服务。如：为教职工提供良好的工作环境和福利待遇，为教师提供培训和发展的机会，激发教职工的工作积极性和创造力；为学生和家长提供优质的教育教学和服务，关注学生的全面发展，注重家校合作，增强学校和家长之间的互动和交流；为社区提供教育支持和社会服务，诸如开放学校资源，为社区居民提供学习和活动场所，参与社区公益活动，等等。

4. 搭台引路，磨砺卓越，学会"五子登科管理法"

学校管理者要以自己敏锐的眼光、勤快的步伐、好学的精神、包容的心态、开放的胸怀，去关注，去观察，去影响，去唤醒，去激励，去指导，去协调，去服务，去传递正能量，去发现问题、分析问题和解决问题。

在学校管理的过程中，要坚持做好"五件事"：搭台子、引路子、出点子、造梯子、改稿子。这就是"五子登科管理法"。

(1) 搭台子。

所谓搭台子，就是搭建各种有利于教师专业成长的平台。台子的含义比较多。一是指便于观众观看的高出地面的场所，多指供人们表现才能的舞台；二是指打台球、乒乓球时所用的特制的桌子；三是指为操作方便而设置的工作台；四是指计算机硬件或软件的操作环境；五是指进行某项工作所需要的环境或条件；六是指通常高于附近区域的平面（诸如楼房的阳台、景观观赏平台、屋顶平台、晾晒平台等);七是指供居住者进行室外活动的顶层屋面或住宅底层地面伸出室外的部分;等等。这里指的是第一种。

每一位教师因为性格不同、学识素养各异,施教不同学科的教学方法也不尽相同,所以教师的专业成长也就会呈现出不同的特点,他们也会提出不同的需求。但是,无论是线上培训还是线下培养,都要尊重教师的特点并满足他们的需求,这是每所学校或每位学校管理者努力去追求的。

搭台子属于学校管理中的"平台思维",它既是一种针对学校环境多样性展现的生态管理,也是一种针对学校主体多样化需求的共赢管理,还是一种针对学校教育多元化发展的成长管理。

(2) 引路子。

路子,即途经、门路。引路子要求学校管理者站在教育改革和管理改革的前沿,运用前瞻性思维,着眼学校的长远发展,立足学校的当下现状,引领全体教师沿着正确的道路进行。这里的路子,包括学校、教师发展的路子或教学发展的路子等。因此,从宏观上说,它可能是学校的发展蓝图、办学愿景;从中观上说,它可能是学校改革的方向与路径;从微观上说,它可能是指某一节课的改进策略或某个教师发展的步调。

任何事情、项目有了路子,教师在教学上就能游刃有余,在管理上就能轻松驾驭——这些其实也是从毛泽东《论持久战》中游击战争的"十六字方针"得到的启发。

(3) 出点子。

在《现代汉语词典》(第7版)中,点子的释义有多种,这里指主意、办法。通俗来说,点子是指由思考得到的、能够合法获取利益的想法。点子不仅在企业中发挥重要的作用,而且在学校教育中也十分重要。

出点子不仅指学校管理者给中层干部提意见,也指中层干部给教师提建议,教师给学生想办法;同时,学生也可以给班级和教师提想法,教师也可以给中层、学校管理者提方案,我们会不定期颁发"点子奖",促进学校各项工作与项目的创新、创优。学校针对全体教师的校刊征名已经进入第二轮,新一批"点子奖"马上要诞生了。

(4) 造梯子。

梯子是一种日常生活用具。这种用具一般由两根粗杆子组成,中间横穿适合攀爬的横杆,用于爬高。学校管理中的造梯子,是用了它的比喻意义，即通过一些方法、策略的运用，帮助师生"爬高"——向着更高、更好、更强的方向去发展，去成长。

造梯子是相互的，学校管理者可以给师生造梯子，师生有时也可以给学校管理者造梯子，彼此促进，相互成全。在这种全新视角下的体悟，可以把彼此的困惑进行分享，可以把彼此的问题进行解构，共同提出宝贵的建议，生发出可以共享的资源，滋养着整个学校教育生态系统。

造好梯子，激励攀登。学校管理者鼓励教师外出学习与进修，鼓励各科教师在课堂上先行、先试，鼓励骨干教师脱颖而出，鼓励各个社团争奇斗艳。造梯子的路径、策略因人而异，潜心研究、梳理、总结，就很容易将其变成自己的教学智慧、学习智慧和成长智慧。而在这一过程中，让每一方都受益，让他们在互动中精神愉悦、彼此促进……到了那个时候，你一定会感觉到原来造梯子所产生的能量是如此之大！

（5）改稿子。

学校管理者要勤于为学校教师改稿子，扩大自己的话语权、思想的影响力和语言的传播力，虽然是点滴渗透，但终将汇成江河。

改稿子主要改什么？主要表现在三个方面，即教师业务的稿子（学科论文案例、教育教学故事随笔、调查访谈报告等）、学校业务的稿子（计划总结、经验总结、通知公告、主题策划书、致家长书等）和新闻传播的稿子（通讯报道、主题展示稿、微信公众号发布稿、深度或系列追踪稿等）。

通过改稿子，学校管理者推动了教师专业水平和写作水平的提升，提高了论文发表的成功率；通过改稿子，改变了教师工作方式与流程，尤其是策划书、计划书精心与巧妙的安排，让"细节决定成败"的理念更加深入学校管理者的心，让管理标准化、流程化和机制化，让管理水准更加高效、优质；通过改稿子，让学校的经验与做法在传播中更精确、更准确，更有传播力、感染力和可信度。同时，通过改稿子，学校管理者让教师知道语言表达要更精确，工作项目要更精细，教育写作要更尽心尽力，日常教学要更具特色和亮点。

透过"五子登科管理法"的且行且思，且思且行，学会与周围人相处，学会与周边世界相处，学会与自己相处。我们要让"五子登科管理法"，经常出现在学校的办公会议上，落实在自己的工作中。

传承和变革是相辅相成的，我们在管理中做到了有效统一。我们传承并优化了"七至管理"的品质，维护了优良传统、规章制度、组织架构等

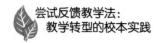

方面的延续性和稳定性,确保了学校的正常运转和教育教学质量的稳步提升。我们在管理中不断地思考和创新,推出并实践了"五四五五"的管理模式,以适应学校的发展需求。在管理中,我们始终以人为本,坚守着学校"木槿花儿开,朵朵放光彩"的育人理念,为每一个生命个体创建绽放的舞台。我们用心管理,维持着传承和变革的平衡,推动着学校稳步向优、向新发展。

第七章

尝试反馈教学的育人样态

在当前教育背景下，学科育人的重要性日益凸显。梦想教育作为素质教育的有力抓手，正逐渐改变着传统教育观念和教育模式。目前，越来越多的学校开始关注梦想教育，通过校本实践、课程嬗变、学科育人等多方面尝试，积极探索新时代背景下的育人样态。

一、梦想教育的校本实践

梦想是什么？是一个人梦中的理想，是一个人对未来的期望，还是一个人心中努力想要实现的目标？人类的历史就是一部充满梦想力的历史，未来是梦想力的时代。华东师范大学崔允漷教授就曾指出：梦想力是 21 世纪的核心素养之一。

教育是什么？教育就是点燃梦想、成就梦想，就是培养师生的梦想力。所谓"梦想力"，其实可以拆解为"想象力+计划力+行动力"。学校全体成员认定某件事具有一定的价值，就一定要将自己的心力倾注其中，而且要"去以自己的火点燃旁人的火"（诗人何其芳语），朝着既定目标勇往直前，这样的一种推动力，这样的一股教育的洪流，我们称之为"梦想教育"。

说到底，每所学校的师生都是在走两条路：一条路是用心走的，我们称之为"梦想"；一条路是用脚走的，我们称之为"行动"——这要求我们，既要仰望星空，又要脚踏实地。可是，现今的学校教育，似乎强调了应试教育，淡忘了梦想。其实，大到国家，小到个人，梦想非但不能缺失，反而需要依靠行动去实现。

多年来，学校大力开展梦想教育，以立德树人为指向，要从实际出发，帮助师生构筑自己的梦想；拥有阳光心态，让师生的梦想与民族伟大复兴的中国梦保持一致；为师生成长赋能助力，用肯定、赞扬的方式去推动师生成就梦想。

（一）鼓励创意，成就管理者的梦想

学校中层是学校重要的管理层级，因此，成就这些管理者的梦想，是校长的首要职责。在管理工作中，我们强调管理团队的每名成员要有"五个意识"，即安全意识、管区意识、协同意识、创新意识与传播意识。其中，创新意识要求每个管理者在做好部门基本工作的同时，要从梦想的高度出发，有与时俱进的视野，知责于心，担责于身，履责于行，把全局、适变局、有格局、开新局，在每个学期对管区中的工作有梦想、有创意，以期获得更好的管理成效。

例如，学校德育处管理者设计了新学期新方案：实施"大拇指点赞"行动，点赞学生在校内外的一切优秀行为，努力让美出现在校园的各个角落。这时，从校长室到各部门都会密切配合，帮助他们成就管理梦想。于是，每个巡视的行政人员和楼道里的值日教师手里都有一叠"大拇指"奖励卡，看见主动问好的学生，给予一张"大拇指"奖励卡；看到主动捡拾垃圾的学生，给予一张"大拇指"奖励卡；看到主动帮助其他同学的学生，给予一张"大拇指"奖励卡；看到帮教师整理办公桌的学生，给予一张"大拇指"奖励卡；看到向校门口站岗的志愿者鞠躬的学生，给予一张"大拇指"奖励卡；等等。小小的"大拇指"奖励卡，被赋予了大大的能量。小小的"大拇指"奖励卡，展现了学生美好的品质，顺应了学生善良的天性，尊重了学生向善的人格，体现了学生向美的心灵，所以效果特别好。

之后，学校师训处管理者看到这个创意，进行了梦想迁移，把"大拇指点赞"行动施行到骨干教师的培养上。凡有骨干教师在区级及以上好课（基本功）评比或论文竞赛中获奖，或者发表相关教育教学文章，或者组织学生参加各级比赛获奖，等等，都会得到一本贴着"大拇指"图案的优秀书籍，外加奖励一个由学校创客社团精心设计的3D打印笔筒，"大拇指点赞"教师行动极大地推动了"教师素养升维工程"的深入开展。

无论是"大拇指点赞"学生行动，还是"大拇指点赞"教师行动，都是期望将工作落到实处。部门管理者成就管理梦想，同时又激发师生的内在动机和自我实现的内驱力，培养师生的高级情感，激发师生的发展潜能。

（二）激励成长，成就教师的梦想

鉴于每位教职工都有在获得成功后强烈期待得到认可的愿望，因此，

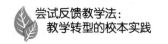

培育阳光心态，追求教育梦想，应该是帮助教师克服职业倦怠、助力成长的有力举措。作为学校管理者一定要拥有"成长型思维"，注重"看见和认可"零成本激励手段；构筑高质量同事关系，给每位教师赋能启梦；要做懂得赞美的人，每学期表扬、激励、帮助教师成就梦想的行为要在100人次以上。

学校管理者要创造更多、更好的平台，帮助教师成就梦想。我们在师培工作中创建"润泽学校"。该校下设四院：清源学院，针对青年教师；毓秀学院，针对骨干教师；凌云学院，针对后备管理干部；德润学院，针对班主任。这四院犹如四轮，共同驱动，自主合作，和谐发展。各学院注重课程内容的丰富性、选择性、关联性、开放性，借力云端，线上、线下联动培训，满足不同教师多元、自主的发展需要。

（三）呵护生长，成就学生的梦想

我们的教育要在唤醒或点燃自己的梦想的同时去唤醒或点燃学生的梦想。换言之，每一名学生梦想成真是每一位教师的梦想。课堂是教师播种梦想的地方，因为学生的梦想在这里被唤醒；课堂是教师成就梦想的地方，因为学生的梦想在这里起航，并带着较高的综合素质而梦想成真。

有一天，笔者在学校高浜校区六（4）班听课，看到班级墙上学生的梦想之后，便进行了随机采访。他们的梦想有：希望疫情尽快结束，缩短爬山的时间，成为数学教师兼任舞蹈教师，练出一手好字，学会骑自行车，成为飞机设计师，学会做一种家常菜，等等。笔者给予学生鼓励，并要求教师积极跟进。一个学期之后，笔者又进行了回访：关心疫情的彭俊杰现在也一直心系疫情；梦想成为数学教师兼任舞蹈教师的杜紫菱一直在坚持练舞；梦想写出一手好字的何馨怡每日在家练习楷书；李紫玲、潘羿已经学会骑自行车；邓一飞学会摊煎饼、做烤肠了……这些例子只是梦想教育校本实践的样本而已。其实，我们每位教师每天都在做这样的事情。

凡此种种，都在促使我们去思考教育的本质问题：教育到底是什么？其实它并不复杂，就是去关注每一个活生生的个体，关心他们在想什么和做什么，思考我们应该怎样去帮助他们，成全他们。因为念念不忘，所以必有回响。

学校通过开展"我和2035有个梦想之约"的德育主题活动，希望每一名"跨小娃"都能拥有一个大梦想，并且用自己的汗水去浇灌，用自己的双手去收获。我们将把每一个"跨小娃"的梦想放到学校里的微信公众号上，存放在学校"时光邮局"里。我们相约到2035年，看看每个人的梦想实现了没有，实现了多少。下面是一位家长为孩子筑梦的教育案例。

案例一 为孩子筑梦需要"五项修炼"

在本学期的开学典礼上，"跨小娃"纷纷写下了自己的梦想。孩子的愿望是美好的，梦想是远大的，他们写下的每一个字都是极具分量的。作为家长，在孩子的成长过程中，要想唤醒孩子的梦想，为孩子筑梦就需要"五项修炼"。

梦想太远怎么办？这就需要我们帮孩子把大目标分解成小目标。有一段时间，儿子说他想当法医。于是，我们一起讨论中国历史上有名的"法医"宋慈获得"法医界鼻祖"殊荣的原因。最后儿子总结出原因，即宋慈拥有丰富的医学知识，而且他的逻辑思维很缜密。经过再次讨论，儿子的近期目标确定为认真学习，争取当"三好生"，积极参加各种活动，让自己多一些阅历和智慧。因此，每一个小目标的确立，可以让孩子内心的力量越来越强大。

梦想太多怎么办？对此，我们不必苛求。孩子在成长过程中不断变化，只要守护好孩子那颗纯真美好的心灵就可以了。不论孩子拥有什么样的梦想，作为家长，更多的是勉励他们，让他们感受到被尊重、被理解、被支持。孩子是独立的个体，他们的人生，我们无法替代。我们能做的就是做好自己，用我们的行动去影响他们。

梦想的根基在哪里？作为家长，不要把梦想的根基都归结到好好学习、取得好成绩上。我们更应该关注孩子优秀品质和核心素养的培育，以及孩子积极进取、自学能力、思维方式、自理能力、社会交往能力、抗挫能力等方面的培养，这才是梦想实现道路上不可或缺的本领。

梦想的突破点在哪里？我始终觉得兴趣既是梦想的突破点，也是成长道路上最好的老师。家长可以帮助孩子找到他们的兴趣和爱好，让它们成为孩子梦想道路上的鲜明特质和独有标签。一旦有兴趣和爱好作为推力，从小播撒希望的种子，孩子长大后自然也会内心强大，勇于挑战，成就美好的未来。

梦想的榜样在哪里？首先，作为家长需要身体力行，做好表率。在育儿道路上，家长需要与时俱进，终身学习。在潜移默化中，孩子也知道学习是终身的事情。其次，为孩子树立一个好的榜样也是重要的策略。例如，

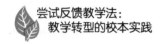

我的儿子现在的榜样是宋慈,我就引导他努力学习宋慈勤于思考、努力钻研的精神,学习宋慈细致观察、善于分析的优秀品质。所谓"近朱者赤,近墨者黑",渐渐地,我的儿子也变得喜观察、肯钻研、敢探究了。

愿望丰厚生长,梦想成就伟大。在孩子梦想启航的时刻,如果家长多一些热情的勉励,多一些智慧的"修炼",孩子的内心就会不断强大,就有可能练成一对强劲有力的"翅膀",说不定哪天他会取得连我们自己也十分惊讶的成就。

(王文娟,跨塘实小学生家长)

梦想教育的校本实践及其成效启示着每一位教师,不应被学科教学所困,而是要专注于每天要做的事情,努力播下种子,挥洒汗水,让梦想在孩子心中扎根,让梦想照亮他们前行的道路,指引他们前行的方向。

二、梦想课程的嬗变赋能

小学课程是指在小学阶段,学生需要学习一系列知识和技能,旨在帮助学生掌握各类知识,并培养他们优秀的品格和正确的价值观。小学课程通常包括语文、数学、英语、科学、社会、美术、音乐、体育和道德与法治等多门学科。这些学科覆盖了语言、数学、科学、艺术、体育、生活等方面,是小学阶段学生必修的基础教育学科。除此之外,还有一些选修课程,诸如乐器课、围棋课、舞蹈课等,旨在丰富学生的课余生活和兴趣爱好,同时有助于学生在其他方面得到更多的锻炼和培养。总的来说,小学课程设置是为了帮助学生全面发展,在知识、素质、能力等方面得到有效的培养。

校本课程是指学校在保证国家课程、地方课程有效实施的前提下,根据国家教育方针、课程管理政策和课程计划,在明确学校办学宗旨、育人目标的情况下,以学校为基地,以教师为主体,以满足学生需要和体现学校办学理念与特色为目的,通过对本校学生的需求进行科学的评估,充分利用当地社区和学校的课程资源,由学校采取民主原则和开放手段,由教师按一定课程编制程序而自主开发、编制、实施和评价的、多样的、可供学生选择的课程。

校本课程可以分为两类:第一类,使国家课程和地方课程校本化、个性化,即学校和教师通过选择、改编、整合、补充、拓展等方式,对国家课程和地方课程进行再加工、再创造，使之更符合学生、学校的特点和需要。第二类，学校设计开发新的课程，即学校在对该校学生的需求进行科学的评估，并在充分考虑当地社区和学校课程资源的基础上，以学校和教师为主体，开发旨在发展学生特长的、多样的、可供学生选择的课程。

总之，校本课程是学校根据自己的实际情况和办学理念开发的个性化课程，旨在更好地满足学生的需求和发展学生的特长。

（一）梦想课程的内涵

梦想课程是实现梦想教育目标的重要载体。好的梦想课程应当既关注知识的传授，又注重能力的培养。在设置梦想课程时，教师要充分考虑学生的年龄、兴趣和认知水平，通过多样化的教学方式和手段，让学生在轻松愉快的氛围中学习知识、掌握技能。同时，教师要建立健全的课程评价体系，及时反馈学生的学习成果，激发他们的学习动力。梦想课程作为学校的校本课程，在"追求有梦想的教育，创建有故事的学校"的办学愿景下，为学生的梦想助力，不断完善课程内容。从课程图谱1.0版——木樨课程（图7-1），到课程图谱2.0版——至雅课程（图7-2），再到课程图谱3.0版——梦想课程（图7-3），迭代更新，学校课程建设不断向深处和实处落实。

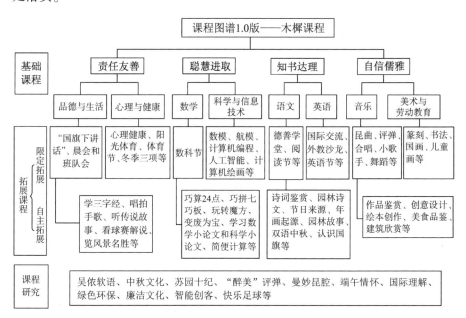

图7-1 课程图谱1.0版——木樨课程

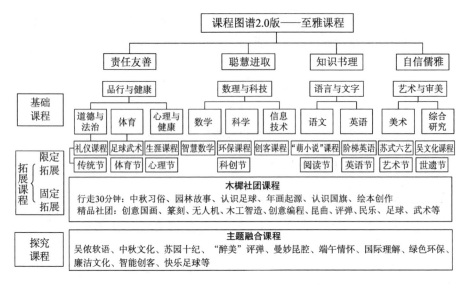

图 7-2　课程图谱 2.0 版——至雅课程

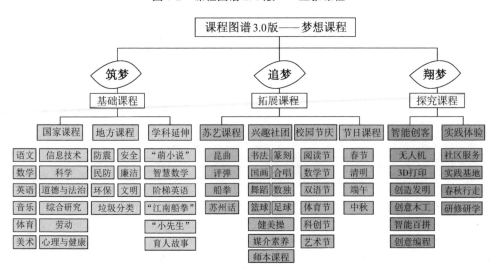

图 7-3　课程图谱 3.0 版——梦想课程

梦想课程以培养"完整的人"为目标,把"人"放在课程中央,以培养"求真、执着的追梦人"为价值取向,帮助学生树立梦想,逐梦前行,培养"美言雅行、秀外慧中"的"跨小娃"。我们分别确定"筑梦·基础课程""追梦·拓展课程""翔梦·研究课程",努力构建一个既有知识传递,又具有能力培养的课程结构,助推学生五彩斑斓的"中国梦"的实现,努力推动梦想课程朝着体系化、整合式和智慧型方向发展。梦想课程聚焦学科核心素养和关键能力，面向未来的学习方式与无边界的资源整合，以整合思维作为推进课程建设的助力，形成以基础性课程特色教学为主，其他课程逐步跟进的大课程体系，深化教学改革，提升教学质量。

（二）梦想课程的目标

1. 形成一套完整的梦想课程体系

优化学校的课程结构，将梦想课程建设成为学校教育教学质量提升的新增长点；充分挖掘现有的课程资源，开发一批高质量的校本课程和课程资源；丰富课程的内容和形式，形成梦想课程的教学模式与学习方法，以及与之相适应的评价和考核方式。

2. 提供一个展现学生个性的平台

通过梦想课程的开发和实施，增强课程结构的均衡性、综合性、选择性，增强课程对学生发展的适应性，加快学生学习方式的不断改进，满足学生的兴趣爱好，加强学生个性、特长的培养，助力学生梦想的实现。

3. 发展一支高素养的"四有"教师队伍

督促全体教师全面把握课程改革的精神实质，促进教师转变观念、转换角色；引导全体教师积极参与梦想课程的开发和实施，促使教师提升科研能力，形成一支校本课程开发和实施的骨干队伍，促进教师课程建设总体水平的不断提升。

（三）梦想课程的实施

梦想课程是小学素质教育中的关键部分，旨在培养学生的综合素质。它强调学生的主体性、探究性和实践性，通过丰富的课程内容和多样的教学方法，激发学生的兴趣和潜能，促进他们全面发展。教师需要营造良好的学习环境，提供个性化的支持和指导，并与家庭、社会紧密合作，共同实现素质教育的目标。

1. 依托顶层设计，把控研究方向

我们坚持把握学校师生发展的特点及需求，国家、地方及学校课程发展要求，学校课程建设现状与方向，力求用接地气的方式，自上而下地进行课程实践，努力推动梦想课程落地生根。学校成立以校长领衔的课程领导小组，向内深挖，向外延伸，寻找优势资源，整合、构建筑梦、追梦、翔梦大课程框架，将课堂、课题、课程三者有效结合，将人与校园、人与社会、人与世界有机整合，多角度、多方位、立体式稳步推进课程建设，

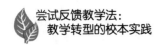

促进学生核心素养的提升。

2. 加强课程培训，提升解读能力

教师对于课程的解读能力直接影响课程的开展，校长室、科研处每学期组织一次专项课题讲座、一次课程专业培训、两次全面的督导检查，确保课程正常有序地开展。我们聘请校外专家走进校园，帮助师生提升文化底蕴。学校倡议教师学习吴文化的一技之长，在提升教师的吴文化素养的同时更好地加快体验课程的开展。完善各项课程考评机制，开展"优秀木樨课程""优秀木樨娃"评选活动，通过"以评推优""以评促优""以评学优"的方式，提高师生课题研究的积极性，推进课程建设推陈出新。

3. 着力课程开发，完善课程体系

为了弘扬传统文化，学校一路攻坚克难，以"国家课程校本化，校本课程特色化，兴趣课程精品化"为指导思想，形成以国家课程为主与地方课程、学科延伸、兴趣社团、校园节庆、节日课程、苏艺课程、智能创客及实践体验相结合的大课程体系。在传承优秀吴地文化的同时，培育既有现代意识又有浓郁民族认同感的新时代教师和学生，最终形成"美言雅行、秀外慧中"的"跨小娃"品格素养，促进学校和谐发展。

4. 全员参与课程，携手课程实践

学校紧紧围绕"自信儒雅、知书达理、智慧进取、责任友善"的教育目标，不断亮化"苏艺文化"儿童体验课程品牌，促进学生身心健康发展。

(1) 校本课程，提升素质。

学校利用定时、定课、定主题的方式，开发《吴文化一百课》微课资源，实施"1+X"普惠工程，"1"为国家课程，"X"为每名学生掌握的苏艺技能，让"跨小娃"将优秀传统文化内化于心，外化于行，全面提升综合素质。

(2) 主题课程，全科育人。

以主题为核心进行发散性的开发与设计，深挖语文、数学、英语、音乐、体育、美术、劳动教育、科学和信息技术等国家课程中的体验资源，践行全课程育人，丰富学科知识，积淀文化底蕴，提升学生的跨学科核心素养。

(3) 社团课程，激趣促长。

学校的近百个班级社团能满足全体学生的兴趣爱好，分年段递进式教学，拓展"苏艺文化"课程的维度和深度，重点打造精品社团，打破年级界限，以兴趣特长编组，呈现梯队式培养。课程实施采用"七认真"管理模式，并纳入月度考核项目之中。

（4）行走课程，传承发扬。

当好"苏艺文化"小使者，传承和发扬优秀"苏艺文化"。与国际友好学校新加坡圣婴女校合作之后互访时，学生将自己所学的苏艺技能自信展现，不仅增长了见识，还培养了与国际友人沟通交流的能力。

（四）梦想课程的评价

在梦想课程评价体系中，我们基于问题导向，从起点思考，从评价入手，推动课程内容、课程体系不断完善和优化，促进学生在课程中成长和发展。

1. 评价内容分层化，丰富学生成长经历

学校专注顶层规划，关注课程内容，评价分层设计。例如，在节日主题课程"冬至"中，低年级的学生讲述冬至故事，朗诵冬至儿歌；中年级的学生创作"冬至诗配画"，制作书签；高年级的学生制作冬至汤圆，拍摄照片或视频，完成冬酿酒制作的项目研究。中、低年级注重人文底蕴、文化创新能力的培养，高年级注重健康生活、科学精神素养的培养。评价内容分层化，让不同年龄段的学生有不一样的成长经历。

2. 评价主体多元化，激发学生成长潜能

学校关注评价主体多元化，引导不同主体参与评价，多视角、更立体。例如，在校园节日课程中，开启游园活动，参观学习不同班级的探究成果。评价主体的多元化主要体现在学生自己互相评价，教师对学生参与班级活动策划进行评价，班级"小导游"对"小游客"参观礼仪进行评价，家长对学生的活动收获进行评价，等等。自评促使学生学会自我管理，互评促进团队合作、榜样激励，师评、家长评引导学生明确自己的发展方向。多元评价主体形成合力，不断激发学生成长的潜能。

3. 评价工具实效化，开阔学生成长视野

我们的研究课程"突出科学探究+行走实践"，重在让学生走出校园，用脚步丈量城市和世界。在双休日、寒暑假，学生走进博物馆、园林、实践基地、文化馆等开展主题探究活动。例如，我们会结合学生的春秋实践活动，让学生走进昆曲、评弹博物馆，学生带好课程任务单进行有针对性的探究，了解历史，欣赏名曲，制作小报，与家人分享成果，既有与朋辈的互动，又有与经典的邂逅。多学科融合，通过评价，激发学生思维，拓宽学生视野，让学习真实地发生。

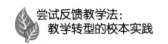

在梦想课程评价中,我们从评价内容、评价方式、评价工具等不同维度出发,促进学生行为品格的养成、社会主义核心价值观的塑造,让学生在丰富的课程活动中发现更好的自己,成就自己的梦想。

三、学科育人的合作共赢

在小学教育中,学科育人的合作共赢指的是在学科教学活动中,教师和学生之间相互促进、共同成长的过程。它不仅关注知识的传授,还注重学生的情感、态度、价值观等方面的发展。

对于教师而言,他们需要在学科教学中融入育人的理念。如:通过语文学科培养学生的阅读理解能力和文学鉴赏能力,同时引导学生感悟人生、思考社会;通过数学学科培养学生的逻辑思维和解决问题能力,同时引导学生树立正确的数学观;通过体育学科培养学生的运动能力,提高学生的身体素质,同时引导学生养成积极健康的生活方式;等等。

对于学生而言,他们需要在学科学习中不仅获得知识,还注重个人成长和发展。如:通过参与课堂讨论和活动,培养自己的表达能力和合作精神;通过思考和探究,培养自己的创新思维和实践能力;通过关注社会和自然,培养自己的环保意识和责任感。

合作共赢还体现在教师和学生之间的互动和交流中。教师需要关注学生的情感状态和个性化需求,用恰当的方式引导学生表达自己的想法和感受,同时也要认真听取学生的反馈和意见,及时调整教学策略。学生需要积极参与到教学活动中,与教师和同学进行充分的互动和合作,发挥自己的特长和潜力,同时也要尊重他人的观点和想法。

总之,小学教育中学科育人的合作共赢是一种注重全面发展的教育理念。通过教师和学生的共同参与和互动,学生可以在获得知识的同时,也能得到全面的发展和成长。

(一)语文学科育人的实践探索

语文学科作为传统的人文社会科学,其教育目的是培养学生的语言文字运用能力、审美鉴赏能力、思维能力和文化素养等。随着社会的不断发展,语文学科育人的重要性逐渐凸显。特别是在全球化的背景下,语文学科育人对于培养学生的跨文化交流能力、传承民族文化及弘扬社会主义核心价值观等方面都具有更加深远的意义。

1. 语文学科育人的内涵和价值

在实践探索过程中,首先要深入挖掘语文学科育人的内涵和价值,探究其在学生综合素质培养方面的作用。语文学科涉及文学、历史、哲学、艺术等多个领域,其教育内容蕴含丰富的人文精神和文化底蕴。通过语文学科的教学,可以培养学生的民族认同感、文化自信和跨文化交流能力,同时也有助于提升学生的道德品质和审美水平。

2. 语文学科育人的策略和路径

在实践过程中,需要掌握语文学科育人的关键点,并采用合适的方法和策略来帮助学生增强语文学科学习能力。我们可以从以下四个方面努力:

第一,教学方式多元化。语文教学应采用多元化的教学方式,诸如情境教学、合作学习、探究性学习等,以激发学生的学习兴趣。

第二,教学内容渗透性。语文学科的教学内容应注重经典性与时代性相结合,既传承传统文化,又关注当代社会现实。

第三,教学资源丰富化。语文学科的教学要充分利用多种资源,诸如教材、文学作品、多媒体资源等,以丰富课堂内容,拓宽学生的视野。

第四,自身素质引领性。语文教师需要具备扎实的专业知识、丰富的教学经验和良好的文化素养,以引导学生深入探究语文学科的内涵和价值。

3. 语文学科育人的实践案例

为了更好地说明语文学科育人的实践探索,以下通过具体案例进行分析。例如,某学校在语文教学中采用了"读写结合"的教学方法,即通过阅读与写作的相互配合,提升学生的语文学科学习能力。在实践中,教师先组织学生阅读经典文学作品,引导学生深入理解文本内容和思想内涵;然后要求学生根据所读作品进行写作,表达自己的观点和感受;最后开展课堂讨论,鼓励学生互相评改作文,提升写作水平。这种方法不仅培养了学生的阅读和写作能力,还激发了他们的思维活力和文化创新活力。下面是语文学科王岩老师学科育人的教学实践。

案例二 童年有故事,梦想践于行——"萌小说"创意写作指导

学校刚开始创办"萌小说"创意写作活动时,学生也都是持观望态度:"写小说?那都是大作家写的,我们怎么可能写出小说呢?""老师肯定只选班级那两个'作文大王'去写,跟我们没什么关系。"对此,我有针对性地进行了如下的设计。

（一）呈现精彩，引发话题

教师出示班级优秀"萌小说"作者陈妍然《童趣星球》的片段。

小可："我的牙齿在动，不仅会疼，还会流血，好可怕呀！"

小爱："好羡慕你，那你就可以见到牙仙子了。牙仙子收到你的一颗牙，你就会得到牙仙子的礼物！之前，妈妈一直不同意给我买电话手表，可是牙仙子送给了我一个。"

小可："那我不害怕了，我好想快点掉牙呀！"

教师指导："陈妍然是个内心充满童趣的小姑娘，古灵精怪，爱好广泛，十分招人喜欢。她的'萌小说'《童趣星球》就记录了她小脑袋里藏着的浩瀚星空。她的故事总是有着美好的期盼，讲述着自己是如何获得力量，如何面对困难的。在我们班级，每学期都有十几个孩子参与'萌小说'创作。这一篇篇'萌小说'都是怎么写成的呢？"

（二）科学指导，拾级而上

1. 培训学习，激发兴趣。通过学校组织的培训学习，学生知道只要关注生活，用心观察细节，写出"萌小说"并不难。于是，有更多的学生跃跃欲试。

2. 厘清思路，形成框架。我们班曾经开设过一节"开题课"，学生将自己的"萌小说"主题构思、主要人物、目录介绍给全班同学。如果学生在介绍时有不太成熟和不太合理的地方，全班同学会一起帮他修改。

3. 随文练笔，读写迁移。教师结合学生正在学习的课文进行写作指导。学生通过学习《西游记》中三借芭蕉扇、三打白骨精的故事，《三国演义》中的三顾茅庐、三气周瑜的故事，学会了"三叠式"的故事情节创作方法。

4. 整本书阅读，拓展创写思维。读小说《城南旧事》，感受情感的层层深入、层层推进；读绘本《我的尾巴》，掌握一波三折的方法叙述故事。

5. "萌小说"微课指导，提升创写技巧。学校还制作了一系列微课，指导学生改进人物细节描写方式，并学会围绕人物的品质组织合适的语言。

6. 与大作家面对面。学校还定期开展作家进校园活动，通过邀请王一梅、彭绪洛等著名作家走进"萌小说"创写社，给学生讲创写故事，聊创写技巧，谈读书体会，面对面地引导"小作家"向真正的大作家迈进。

（三）交流呈现，感悟成长

一篇篇"萌小说"就在全班师生的关注下被创作出来。爸爸妈妈们会为孩子们的"萌小说"写上序言，他们的"萌小说"片段会在"晓黑板"

上发布,而点击量最高、好评最多的片段还会在学校的微信公众号上发布,刊载在《姑苏晚报》与校园文学杂志上。学校也会组织人员汇编"萌小说"的系列专刊,创编有特色的校本教材,精选的历届"萌小说"入库图书馆……丰富而有特色的评价激励方式,引导学生创写的"萌小说"越来越有劲头,越来越有色彩,越来越有温度。

(王岩,跨塘实小)

(二) 数学学科育人的实践探索

数学学科育人的实践探索是教育领域中不可或缺的一部分。数学作为一门基础学科,它的教育目的是培养学生的数学思维、推理能力和解决问题能力。下面将从数学学科育人的现实价值、策略和路径及实践案例三个方面展开讨论。

1. 数学学科育人的现实价值

数学学科是人类智慧的结晶,它不仅是一种工具,还是一种思维方式和文化传承。在当今社会,数学的应用已经涉及各个领域,无论是自然科学、社会科学还是人文科学,都离不开数学的支持。因此,通过数学学科育人,可以提升学生的数学素养,帮助他们更好地适应社会发展的需要。

在进行数学学科育人的实践探索过程中,首先要深入挖掘数学学科育人的现实价值。数学学科涵盖了代数、几何、概率统计等多个领域,它能够培养学生的逻辑思维能力、推理能力、计算能力和解决问题能力。同时,数学也能够培养学生的审美能力和创新精神,让他们学会运用数学思维去观察世界、解决问题。

2. 数学学科育人的策略和路径

学科育人强调在教学过程中实现知识传授与品格塑造的双重目标。为了实现这一目标,教师需要深入挖掘学科中蕴含的育人元素,结合实际教学将其融入课堂。同时,教师应当不断提升自己的综合素质,以便更好地发挥榜样作用,同时关注学生的个性化需求,鼓励他们发挥自己的特长和拥有自己的兴趣爱好。

第一,课程设置的多样化。数学课程应该设置丰富的课程内容,包括基础数学、应用数学和数学文化等方面,以全面培养学生的数学素养。

第二,教学方法的多元化。数学教学应该采用多种教学方法,诸如直观教学、案例教学、探究式教学等，以激发学生的学习兴趣和提高学生的学习积极性，让他们更好地理解和掌握数学知识。

第三，教学资源的最优化。数学教师要充分利用多种数学教学资源，诸如数学建模、数学实验、计算机辅助教学等，以增强学生对数学的应用意识和实践能力。

第四，专业素质的具身化。数学教师要具备高尚的道德品质和教育情怀，积极关注学生的成长和发展，并以身作则，成为学生的榜样。数学教师要耐心、细心、热心和诚心，以便更好地和学生沟通和交流，帮助他们解决学习和生活中的问题，深入探究数学学科的内涵和价值。

3. 数学学科育人的实践案例

为了更好地说明数学学科育人的实践探索，下面通过具体案例进行分析。例如，某教师在数学教学中引入了数学实验活动，通过组织学生参加数学实验设计竞赛，开展日常的数学实验课程，增强了学生的数学应用意识，提升了学生的实践能力，培养了学生的学科素养。在此过程中，学生需要运用数学知识解决实际问题，从而提升他们解决问题能力、团队协作能力，这些也是数学教师学科育人的重要体现。下面是数学教师晏雨枫的学科育人实践。

案例三　细制提问卡，碰撞思维火花

自尝试反馈教学法在跨塘实小实施以来，"三卡一笔记"成为我们教学的日常。下面我想和大家分享我根据学生学习实际设置的三种提问卡的小故事。

（一）设置预习提问卡，创设课堂互动环境

课前，我先借助苏州工业园区"易加学院"平台发布微课程，让学生初步了解本节课的学习内容。如果学生遇到疑问，我会鼓励学生将"前学"中遇到的问题写在预习提问卡上。在设置预习提问卡时，我会给出明确的学习要求，对学生提出的预习问题进行评价，并整理学生提交的预习提问卡，找到普遍存在的问题，以此作为课堂教学的重要关注点。

例如，在教学"简易方程"时，我设置预习提问卡，让学生进行课前预习。我将收集到的预习提问卡进行整理，之后列出典型问题：等式和方程有什么区别？为什么有未知数的等式才是方程？未知数可以用任意字母代替吗？我先让学生熟悉问题，然后要求学生自主阅读文本后对相关问题展开讨论，最后我会表扬积极参与预习提问的学生，增强他们主动学习的意识。

（二）设置质疑提问卡，激活课堂互动思维

在数学课堂教学中，学生产生疑问是正常的，我给学生创造质疑的机会。质疑提问卡，可以让学生随时向我提出问题。我也可以利用质疑提问卡掌握学生的学习情况，并及时调整教学内容。我采取激励措施，鼓励学生主动质疑，并对表现积极的学生进行表扬，营造良好的学习氛围。

例如，教学"球的反弹高度"时，我拿出一个弹性很强的橡皮球，让橡皮球自由落到地上，形成一次次反弹，并提问："通过这次实验，你想到了什么问题？"我让学生用质疑提问卡将想到的问题提交上来。学生提出了很多有价值的问题：反弹高度是下落高度的几分之几呢？同一种球的弹性一样吗？不同的球反弹高度会一样吗？橡皮球的反弹高度一次比一次低，会不会一直反弹……我针对学生的质疑进行解答，并开展有针对性的教学。

（三）设置小结提问卡，梳理课堂互动成果

在学习结束的小结部分，学生也会产生一些疑问，我要及时解决学生仍存在的疑惑。这时，小结提问卡就能给学生提供完善学习认知的机会。

课堂教学环节众多，每一个环节都有重要的知识点需要梳理和总结，学生在这些关键节点上难免会有认知疑惑，利用小结提问卡反馈学习信息，能给课堂教学带来促进作用。

例如，在"分数加法和减法"课堂小结时，学生交来的小结提问卡上比较集中的问题有：三个分数相加减，一次性通分更简单吗？分数加减后得出的结果可以约分的为什么一定要约分？分数加减完成后，验算有简便方法吗？我将典型问题再分发回学生手中，让学生进行再学习。

可见，只要巧妙设计，提问卡的运用不仅不是画蛇添足，还有可能成为师生互动的重要纽带和桥梁。我组织学生对典型问题展开再学习、再研究，不仅能够顺利帮助学生解惑，还能够让学生对知识进行重新整合，从而提升数学素养和数学能力。

爱因斯坦说过："提出一个问题比解决一个问题更重要。"我希望提问卡的使用，能让学生有所收获，有所进步。

（晏雨枫，跨塘实小）

（三）其他学科育人的实践探索

学科育人强调在教学过程中实现知识传授与品格塑造的双重目标。为了实现这一目标，教师需要深入挖掘学科中蕴含的育人元素，结合实际教学将其融入课堂。同时，教师应不断提升自己的综合素质，以便更好地发挥榜样作用，促进学生全面发展。此外，其他学科育人的实践也十分重要。

道德与法治学科是培养学生道德观念和法律意识的重要学科。在教学过程中，教师可以通过教授法律知识、解读道德规范、介绍中华优秀传统文化等方式，引导学生树立正确的世界观、人生观和价值观。同时，教师还可以结合时事热点和学生实际，引导学生分析社会现象，培养学生的思考力和判断力。

英语学科是培养学生国际交流和跨文化沟通能力的重要学科。在教学过程中，教师可以通过开展语言交际活动、阅读英文文献、介绍西方文化礼仪等方式，让学生熟悉英语语境和英语文化，提升学生的英语听说读写能力。同时，教师还可以教授学生一些国际礼仪和跨文化沟通技巧，培养学生的跨文化交流能力。

科学学科是引导学生探索自然规律和社会现象的重要学科。在教学过程中，教师可以通过进行科学实验、开展科学研究、解读科学前沿资讯等方式，让学生了解科学的基本原理和方法，培养学生的科学思维和科学精神。同时，教师还可以结合实际生活和社会热点，引导学生运用所学知识解决实际问题，培养学生的实践能力和创新意识。

信息技术学科是帮助学生掌握信息技术和信息素养的重要学科。在教学过程中，教师可以通过教授计算机基础、网络技术、编程语言等知识，让学生了解信息技术的基本原理和应用。同时，教师还可以教授学生信息检索和分析的方法，培养学生获取、整理、利用信息的能力。

音乐、体育、美术学科是帮助学生发展综合素质和兴趣爱好的重要学科。音乐教师可以通过教授乐理知识、赏析音乐电影等方式，培养学生的乐感和兴趣；体育教师可以通过开展体育活动、运动竞赛等方式，培养学生的体育素质和协作精神；美术教师可以通过教授绘画技巧、鉴赏艺术品等方式，培养学生的审美能力和创造力。同时，音乐、体育、美术学科的教师还可以通过多样化的教学方式和内容，培养学生的兴趣爱好，促进学生的个性发展和全面发展。

下面是英语教师许丽萍的学科育人的实践探索案例。

案例四 "英"你而快乐,"语"你共成长

对于低年级的学生来说,他们感觉的情绪性和无意性很明显,对自己感兴趣的知识记得很牢,所以如何有效激发和保持学生学习英语的兴趣,是我一直思考的重点。下面我将围绕英语教学中的"四学",从课前、课中、课后这三个方面,浅谈我在低年级英语课堂上的育人实践,在"四学"中聆听童真的声音。

(一)课前:"悦"读绘本,"英"你而美

绘本,顾名思义就是"画出来的书"。优质的英语绘本不仅能为我们的学生学习英语提供比较真实的生活情境,绘本中丰富生动的词汇更是儿童发现真善美的一扇大门。在平时的教学中,除了结合课本进行绘本拓展之外,我们还可以运用书本内容,让学生自制绘本。例如,我在教译林版小学英语一年级下册"Unit 4 Spring"时,课文内容刚好贴合我们现在的生活。所以,我尝试让学生在已学内容的基础上,先大胆地想象,增加故事情节,然后再绘制图片,装订成书。学生会感到新奇,主动为创作大量收集材料,充实内容。随后,我又思考了一会儿,如果在绘本制作完成后,将故事读给其他学生听,甚至可以将绘本做成有声读物,这样不仅能拓展学生的英语思维能力,还能激发学生极大的阅读和制作兴趣,从而深化英语教学,所以今后我也会去尝试让学生制作有声绘本。

(二)课中:玩转游戏,"英"你而乐

对于低年级的学生来说,游戏教学法显得尤为重要。教师合理地进行游戏,可以将枯燥的语言教学转变为学生乐于接受的、生动有趣的游戏教学,为学生创造和谐、有趣的语言交际情境,使学生在玩中学、学中玩。

例如,我在教译林版小学英语一年级上册"Unit 6 Look at my balloon"时,发现这一单元主要是学习颜色类单词。如果按以往出示实物,让学生说出颜色的惯例,这种方式比较单一。于是,我在课前搜集了5个矿泉水瓶,里面装了小半瓶水,在每个盖子上涂好各种颜色的颜料。课上,我对学生说:"今天我是小小魔术师。"话音刚落,学生就发出好奇的声音。紧接着,我拿出第一个瓶子,问道:"你们看到了什么颜色的水呀?"学生都说是透明的。就在这时,我把瓶子使劲一摇,水立马变成了红色,学生惊呼起来,我立马进行 red 这一单词的教学。接下来几种颜色的教学,我请学生也参与到魔术实验中来。这一节英语课,学生表现得很兴奋,对于颜色

类的单词也牢记在心。

又如,在复习单词的时候,我会和学生玩单词卡闪现游戏。在教学新课前,我会提前布置任务,让学生和家长一起完成单词卡片的制作,这样既增进了亲子之间的关系,又让学生提前预习了新内容。游戏时,我会请一个"小老师"带着自己的单词卡到台上来,"小老师"拿出一张单词卡,快速给学生看一下,学生要先读出单词,然后一边读一边找这个单词。找到的学生,要读得更响亮一些,直到大部分学生都找到,之后"小老师"会闪现下一张单词卡。找得快、发音标准的学生,可以成为下一个"小老师",学生就表现得更加积极了。

(三)课后:童真童趣,"英"为有你

为了激发学生的英语学习兴趣,提升学生的英语口语水平,同时,也为学习英语创设良好的语言环境,我设计了让学生来当小演员的任务。这个任务主要是在课堂上演一演和课后进行趣味配音。我通过让学生模仿语音、语调、动作、角色行为等,培养学生大胆开口讲英语、自信自如爱学习的科学学习方法,大大提高了英语教学的效率。特别是英语趣味配音,它是一种全新的英语学习方法,学生可以自由选择喜欢的电影或动画片进行模仿、跟读,扮演其中的角色。低年级的学生用充满童趣、童真的声音声情并茂地演出了一部又一部有趣的英语小电影。

爱因斯坦有句名言:"兴趣是最好的老师。"对于刚入小学之门的低年级学生来说,知识的习得是其次,最重要的是培养他们学习知识的兴趣。低年级学生进行英语学习本该是在玩中学,学中玩。所以,在今后的教学中,我还需要不断反思,让学生爱上我,爱上英语。

(许丽萍,跨塘实小)

案例五 每堂课都是思政课

早晨巡视时,我与钱红慧老师谈课堂教学。钱老师说,最近三年级的一堂音乐课《游子吟》引起了她的思考。

上课伊始,钱老师与大家互动交流:"什么是游子?""游子为什么要吟?""游子吟了什么?"同学们一起学习着,思考着。突然,有一名学生冷不丁地站起来问道:"钱老师,您为什么还不上音乐课?"这一问题把钱老师问蒙了,他随即说:"我刚刚不就是在上音乐课吗?你是不是认为刚才给你们讲上面的这些内容,就不是在上音乐课了?"学生点点头。

听到这里,我觉得钱老师提的这个问题真的值得探讨:学生为什么认为这不是音乐课呢?学生是不是认为音乐课就是单纯地唱歌呢?是不是我们在之前的教学中有什么缺失,忘记引导学生理解什么是音乐课呢?

于是,我联想起自己教的数学课。每当接手一个新的班级,我在第一堂数学课,总要问学生三个最本质的问题:什么是数学?为什么要学习数学?怎样学好数学?接着才会展开课本中具体内容的教学……我想通过这样的教学告诉学生:数学不仅仅是计算和做题,还是"思维的体操"。数学在日常生活与社会中具有广泛的应用性,我们一定要学好数学。其实,其他学科不也应该这样吗?每个学科教什么,其实比怎样教更重要。

在举国上下十分重视立德树人、努力教好思政课的教育形势下,凸显学科的育人价值就显得尤为重要。记得我国著名教育家叶圣陶先生说过一句振聋发聩的话,"所有的课都应当是政治课"。我细细品味这句话,觉得他说得多么在理啊!

在我看来,叶圣陶这句话的意思其实并不是说把所有的课都上成政治课,而是说所有的课都应当从自己学科课程的性质、任务、特点出发,用儿童听得懂、想得通、做得到的方式来体现学科教学的教育性,巧妙地、自然而然地渗透思想政治教育。

说到底,我们每位教师都要清醒地知道什么是"高质量的学业成绩",什么是"低质量的学业成绩",这样才能在教学中有的放矢,把学科价值、人格魅力紧紧地融合到一起——这才是"高级的教学",因为这样的教学赋予了学业分数更多的成长意义。因此,一位好教师只有清楚知道自己肩负的责任和使命,才能更好地为学生的发展引路,使他们健康快乐地成长。

回到钱老师的音乐课。钱老师不仅是在教音乐,还是在教学生认知亲情、认知小家与大家的关系。这既是情感教育,也是生命教育。这样的课堂才是"真课堂"。

(缪建平,跨塘实小)

总之,小学学科育人是一个全面发展的教育理念,旨在培养学生的综合素质和能力,为他们的未来奠定坚实的基础。在这个过程中,教学活动的设计和评估是关键,注重学生的个性化需求和全面发展,激发他们的学习兴趣和自信心,同时及时了解他们的学习情况和需求,调整教学策略,以便更好地促进他们的进步。此外,良好教育环境的营造、教师素质的提升、学校与家庭的合作等也是实现小学学科育人的重要因素。

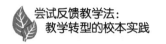

四、家校班级的育人故事

家庭、学校和班级在育人过程中密不可分。建立良好的家校沟通机制，有助于形成教育合力。通过家长会、座谈会等形式，班主任可以让家长了解孩子在学校的学习和生活情况，以便能够给予孩子更有效的支持。同时，班级是学生成长的重要载体。班主任要关注每一名学生的发展，组织开展各类活动来增强团队凝聚力，形成良好的班风和学风。

跨塘实小本着学校所有教师都是育人者，全员坚持"教书育人，管理育人，服务育人"的原则，构筑"你中有我、我中有你"的家校成长共同体。跨塘实小的教师坚守初心、倾情付出，在家校班级教育管理中谱写出了一个个感人的故事。

下面第一个故事是班主任施煜庭关于家校沟通的故事。这个故事告诉我们：一个好孩子培养出来，家庭的作用不容忽视，但是学校和社会的力量也不可小觑。关爱、支持和鼓励，就是最好的养料。

故事一：亦师亦友伴成长

我们常常会说："父母是孩子的第一任老师。"的确，父母也是孩子终身的教师。家庭，是孩子与这个世界最早的接触点，是一切教育的开端，更是学生接受教育和影响持久、广泛的地方。正如苏联著名教育家苏霍姆林斯基所说："据我看来，没有比指导母亲和父亲如何教育儿童更为重要的任务了。"

由于没有良好的教育观念、家长文化水平的差异及家校沟通存在的滞后性，这给家庭教育带来了一些问题，因而指导家长做好家庭教育，实现家校共育显得尤为重要。2023年，我接手了一年级的教学工作，迎来了一批新的学生、新的家长。开学一段时间后，学生的表现真是天差地别，这样的差异其实也是家庭的一种差异。针对这些差异，我积极沟通、科学处置，取得了较好的育人效果。

班级里的小新同学就是一个特别突出的例子。他是一个个子不高、身材瘦小的小男孩。排队时，他不是站在队伍外，就是在队伍内推搡同学；下课时，他总是在追打同学或者破坏他人的游戏；上课时，他从不听课……于是，每到课间，只要我踏入教室，学生的"告状"声就不绝于耳。

每次，我都把他叫到一边和他讲道理，可是收效甚微。为了更有针对性地对他进行教育，我将他身上存在的问题进行了归纳，并找出形成这些问题的原因。原来这些问题的出现都来自他的家庭教育。

在和小新妈妈的沟通中，我了解到小新爸爸常年出差在外，而她上班又很忙，经常早出晚归，很多时候下班回到家，小新已经睡着了。爷爷奶奶只管让小新吃饱穿暖，娇纵溺爱，而对小新学业上辅导的能力十分有限。小新爸爸难得回家，脾气又不太好，动辄打骂，没有耐心。于是，我和小新爸爸妈妈进行了电话沟通，如实地向他讲述了小新的情况，诚恳地希望他们能配合我的工作，共同让小新取得进步。小新妈妈了解了孩子的情况，也是非常焦虑。在获得他们的支持后，我们共同商讨了以下三个关于孩子的教育策略。

第一，给予关怀，让孩子感受温暖。家长要尽可能地多给孩子一些爱和关怀，让孩子能够在爱的环境中长大成人，这样对其性格的发展极有好处。于是，我和家长商量，让他们重新调整一下工作时间，尽可能地多陪伴孩子。

第二，正面评价，让孩子增强自信。家长一直用负面词语批评孩子，孩子成天听到的都是"笨""脑子有问题"这样负面的语言，这样会使他的自信心大受打击。家长不吝啬自己的表扬，对孩子的教育有着重大意义。

第三，创造机会，让孩子体验成功。由于经常犯错误，孩子经常被批评，同学们也都不愿意和他一起玩。但其实任何人都有自身价值被承认的渴望，都希望自己能获得成功。如果能够给他一次机会，让他体会到成功的喜悦，或许就能激发他的进取心和改变的决心。

当然，这一系列的举措，光靠家庭教育或是学校教育都是不行的，一定要让家庭教育和学校教育形成一种合力。只有这样做才能有成效。经过一段时间的努力，我发现小新有了很大的变化，排队也慢慢地遵守规矩了，上课也开始学会举手了，在班级里也逐渐有了朋友。可是我很清楚，良好的学习习惯还没有在他身上扎根，很多坏习惯还在反复出现，家庭教育不是一朝一夕的事情，父母的言行和教育的方式也不是仅靠几次沟通就能改变的，前面的路还很长。但我相信，只要学校和家庭统一思想，继续这样相互配合，那么这个孩子的成长一定会朝好的方向发展。

父母存在的意义，不是给予孩子舒适和富裕的生活，而是当孩子在想到父母时，内心就会充满力量，从而感受到温暖，拥有克服困难的勇气和能力，并由此获得人生真正的乐趣和自由。这强调了父母应当给予孩子关爱、支持和鼓励，让孩子感受到内心的力量和温暖，从而拥有克服困难的勇气和能力，而这些特质是获取真正的人生乐趣和自由的基石。父母的关爱如同阳光普照，让孩子的成长之路充满温暖和希望。父母的鼓励可以给予孩子信心，让他们敢于追求梦想，同时也能勇敢面对挑战。父母的陪伴可以给孩子提供安全感和舒适的环境，让他们在探索世界的道路上充满自信和勇气。

（施煜庭，跨塘实小）

第二个故事是班主任李杨老师关于班主任管理班级的故事。通过这则故事，我们更加深刻地理解了"教育是一棵树摇动另一棵树，一朵云推动另一朵云"的内涵。

故事二：提灯引航，无为而治

教育家苏霍姆林斯基说过："没有爱，就没有教育。"我相信，在三尺讲台上，只有爱孩子的教师才能赢得孩子的爱。只有赢得孩子的爱，才能让教育教学工作更加顺利！

诺诺是个内向的女孩，她常常会做一些让人费解的事情。例如，小学三年级时，因为同桌安安说了一句："双子座的女生爱撒谎。"她就扇了安安两巴掌。事后，我问她为什么打人。她说，因为她姐姐就是双子座。在接下来多次与她谈心交流之中，我了解到在她家，爸爸妈妈处理问题都是能动手，绝不动口。我耐心引导她要学会交流，课余时间和她一起阅读文明礼仪的书籍。一段时间后，她和同学们的相处变得愉快起来。小学五年级上学期，诺诺又做了一件大事。一个周四的下午，她拿着一杯自制的爱心奶茶，在众目睽睽之下，送给邻班的一个男生，并递给他一份表达爱慕之意的纸条。那个男生很明确地拒绝了奶茶和纸条。遇到这样的事情，我知道不能一味地责备，这样一定会适得其反。于是，我决定冷处理。在接下来的日子里，我观察到诺诺和其他两个女孩每天午饭后散步时会聊一些音乐和动漫，于是我认真听了那些流行歌曲，阅读了多本漫画书籍。很快，我凭借着这些共同爱好成为她们闺蜜团中的一名"编外人员"。

在之后的进一步沟通过程中，我了解到诺诺的爸爸妈妈感情不和，总是闹离婚，她为此十分烦恼。她和姐姐交流得比较多，姐姐经常会给她介绍偶像剧，也鼓励她喜欢就要去表达。实际上，上次的表白事件也是姐姐推波助澜的结果。我也看到了那张她想送出去的纸条上面写着："运动会上的你太帅了，我想和你交朋友。"我思索良久，决定接下来开展晨会和主题班会，会上讨论的内容是你认为自己什么时候最美。我收集到的最佳答案有：自信的时候最美；认真学习的时候最美；取得优秀成绩的时候最美；帮助别人的时候最美。

主题班会还讨论有：你看过最有趣的书是哪一本？开完了这次主题班会，同学们把自己喜欢的书在教室里进行了分享，并且在教室里安放了一个"烦恼箱"。此后，同学们的小烦恼也有了倾诉的地方。我还开展了一次辩论会，辩论的主题是小学生适合看偶像剧吗？甲、乙双方进行了激烈的辩论，最后大家一致认为小学生不适合看偶像剧。就这样，在一次次的讨论和辩论中，我们的一些问题迎刃而解。渐渐地，诺诺开始看同学们推荐的优秀书籍，我们散步时闲聊的话题也变成了这些优秀书籍中的人物。课堂上，诺诺也开始频繁地举手发言了，也会在课间来问我一些数学上的问题。期末时，她的数学成绩也从不及格变成良好了。

教育是一棵树摇动另一棵树，一朵云推动另一朵云。而我愿意是那一棵有爱心的树，那一朵有智慧的云，和孩子们一起建设一个健康向上的班级，让每一个孩子都能成为更好的自己！

（李杨，跨塘实小）

第三个故事是班主任徐李俊带来的亲子劳动教育的故事。通过这则故事，我们知道家庭劳动的重要性和必要性，以及如何进行实操。

故事三：幸福劳动，建构生命成长的实践生态

培养孩子爱劳动是早期幼儿教育的重要组成部分，是孩子全面发展的一种重要手段。我们让孩子从小就做自己能做的事情，这样能增强他们动手做事、克服困难的能力和信心，有助于培养他们的独立意识。在培养孩子爱劳动的过程中，家庭劳动教育又是必不可少的一环，它不仅是生命的教育，也是孩子健康成长的教育，家庭劳动教育不是家长简单的说教，而是家长陪伴孩子一起成长的过程。

家长积极率先垂范，身教重于言教。在孩子成长的过程中，有时会遇到这样的问题：孩子积极参与到劳动中，却又把一切搞得一团糟。如：孩子在洗碗时，不小心把碗打破了；在扫地时，不小心把垃圾弄得满地都是。

有的孩子由于过分依赖家长，当他们升入小学一年级时，根本不能做各种力所能及的事情，诸如整理书包、清洗衣物、打扫卫生等。家长包办的行为，使孩子错失进行基本生活劳动技能训练的机会。家庭劳动教育不是家长简单的说教，而是家长陪伴孩子一起成长的过程。在这一成长过程中，更为重要的是家长积极做出表率，凡事不包办，努力指导孩子一起劳动，一起享受劳动的过程，一起探讨如何掌握劳动技能。

（1）设计劳动菜单，掌握劳动技能。

无论是劳动技能训练，还是基本的家务劳动锻炼，都要鼓励孩子勤动手、多动脑，掌握使用劳动技能的方法。如：怎么整理自己的床铺？怎样整理自己的书桌？如何用洗衣机洗衣服？放多少洗衣液合适？整理衣服有什么窍门？出去旅游需要带哪些日常用品和衣物？如何使用微波炉？如何进行垃圾分类……家长要告诉孩子这些基本的常识，从而帮助孩子掌握一定的劳动技能。

每个家庭的实际情况不一样，每个孩子已经获得的劳动技能也不一样。在日常生活中，有的家务劳动是适合孩子的，有的是适合整个家庭的，还有的是跟社区有关的。家长可以从平时的劳动中根据自己孩子的实际情况，选择性地设计一份家务劳动清单，在假期中让孩子学会几种家务劳动的小技巧。

（2）注重劳动体验，培养劳动情感。

劳动本身就是人类发展过程中需要学习并且推动生产力发展的一种行为方式。对于孩子来说，劳动是必需的，而非无用的。因此，孩子在劳动的过程中需要家长给予他们在学习过程中同样的理解与耐心。

劳动的过程恰好给了家长与孩子交流和沟通的全新方向，家长所建立的新形象促使其在孩子眼中变得丰富和立体，也使得孩子在未来劳动的过程中更加乐于与家长交流。家长陪伴孩子劳动的过程就是家长和孩子一起成长的过程，建立这一融洽的亲子关系，和孩子一起分享劳动成果，就会让孩子赢得足够的尊重，这对培养孩子的自信心尤为重要。

我国著名的教育家叶圣陶先生说："小学教育的价值，就在于打定小学生一辈子有真实明确的人生观的根基。"而家务劳动对于培养孩子的独立生活的意识和能力，以及关爱他人、孝敬父母等观念，是必不可少的措施。因此，在亲子相处过程中，我们要重视劳动教育的深刻意义，并以此为基础，通过幸福劳动，建构起生命成长的实践生态圈。

（徐李俊，跨塘实小）

总之，尝试反馈教学的育人样态的形成需要多方面的配合与努力。梦想教育的校本实践、梦想课程的嬗变赋能、学科育人的合作共赢及家校班级的育人故事共同构建起了一个全方位、多层次的教育模式。在这种模式下，学生能够得到全面、个性化的发展，成为具备创新意识和创造力的人才。同时，教师、家长和学校之间的紧密合作也能够促进教育质量的提升，为学生的成长创造一个良好的环境。

附录一　尝试反馈教学法教学改革大事记

1. 2014年9月，苏州工业园区车坊实验小学成为邱学华教授尝试教学法实验学校，缪建平、朱玲玲正式成为邱学华教授的徒弟，由苏州工业园区教育网进行报道。

2. 2015年12月，缪建平专著《让学生做"儿童数学家"——小学生数学"探究学习"导引》，由南京大学出版社出版。

3. 2016年1月，苏州工业园区莲花学校成为北京大学"游戏化教学进课堂创新计划"实验学校，北京大学专题网站进行了推介。

4. 2016年6月，缪建平参编的《数学在哪里》（小学三年级上册、下册），由电子工业出版社出版，于2019年修订再版。

5. 2017年2月至2020年1月，缪建平担任新疆伊犁州霍尔果斯市丝路小学援疆校长，把邱学华教授的尝试教学法发展成尝试反馈教学法，并以集团化的形式在全市推广，教学改革动态被霍尔果斯市电视台、《伊犁日报》、苏州电视台、《苏州日报》等媒体报道。

6. 2017年7月13—17日，常州大学尝试教育科学研究院联合各方力量在上海举办全国协作区中小学数学教育高级研修班。特邀专家有顾泠沅、邱学华、吴正宪、刘永春、洪雪芬、缪建平、史丰宝。缪建平做"用'游戏'点亮孩子的数学童年"讲座培训。该活动在"尝试教学流派"微信公众号上发布。

7. 2017年10月，缪建平在第六届悦远教育"核心素养"背景下"创意课程"研讨会上授课"聪明的小白鼠"，并做讲座。该活动在"上海悦远"微信公众号上发布。

8. 2019年3月，缪建平受邀参加中国教育梦——全国小学数学能力导向的课堂教学转型观摩活动。新疆各地小学数学教师代表310多人参与培训与研讨。至今，缪建平还与新疆十几所学校保持关于尝试反馈教学法教学改革的紧密交流。

9. 2019年10月，缪建平、邱学华编著的《小学数学配套游戏》（一年级、二年级分册），由福建教育出版社出版。《小学数学配套游戏》（三到六年级）也于 2023 年 6 月完成一轮统稿。

10. 2020 年 4 月，缪建平的专题文章《让孩子的在家学习"真实有效地发生"——利用网上数学游戏资源进行尝试学习的建议》在"尝试教学流派"微信公众号上发布。

11. 2020 年 9 月、2021 年 6 月，缪建平参编的《奇妙的数学在这里》（小学六年级上册、下册），由电子工业出版社陆续出版。

12. 2020 年 12 月 10—13 日，在全国第 20 届尝试教育学术年会暨实验研究成果云端博览会上，跨塘实小与缪建平援疆的新疆伊犁州霍尔果斯市丝路小学教师联袂展示尝试教学改革实践的课例与经验，受到广泛好评。

13. 2021 年 9 月，缪建平撰写的《尝试反馈课堂教学模式的实验研究》获得全国第二届小学数学教育实验研究成果特等奖，多个官方微信公众号进行了宣传报道。

14. 2021 年 11 月 5 日，苏州电视台发布《"小先生"开讲啦——跨塘实小推出快乐"小先生"培养工程》专题报道。

15. 2021 年 11 月，《华人时刊（校长）》杂志发表缪建平专题文章《让梦想照进现实　用行动写下故事——"梦想教育"的校本实践》。

16. 2021 年 12 月，邱学华、缪建平撰写的《一点就通——送给爱数学的孩子》（五年级），由上海教育出版社出版。

17. 2022 年 3 月，缪建平成为省级刊物《科学大众·智慧教育》当月封面人物，同时该杂志还刊登《木槿花儿开，朵朵放光彩》校长访谈文章。

18. 2022 年 8 月，苏州新闻广播电台特邀缪建平做客直播间，畅谈学生在学习过程中遇到的事情与困惑，并与家长分享教育经验。

19. 2022 年 11 月，《华人时刊（校长）》杂志刊登了缪建平撰写的论文《"尝试反馈教学"课堂改革的校本实践》。

20. 2022 年 11 月，缪建平撰写的《教智融合　尝试反馈　深度学习——基于学生学科素养培育的校本实践》一文收录在由苏州市电化教育馆编写、苏州大学出版社出版的《慧学：苏州教育信息化》一书中。

21. 2023 年 3 月，邱学华、缪建平撰写的《一点就通——送给爱数学的孩子》（六年级），由上海教育出版社出版。

22. 2023 年 4 月 17 日，《苏州日报》发布《小种子大梦想：苏州工业园区跨塘实验小学"梦想教育"为学生幸福成长赋能》专题报道，宣传跨塘实小的教学改革成果。

23. 2023 年 4 月 19 日，缪建平受邀参加常州市武进区湖塘实验中学江苏省基础教育前瞻性教学改革推广项目——"尝试反馈教学法的实验研究与推广应用"调研视导，交流分享跨塘实小教学改革经验"静悄悄的革命：从'尝试教学法'走向'尝试反馈教学法'"。

24. 2023年4月30日，缪建平接受光明网与《教育家》杂志社联合主办的"寻找大国良师"大型公益活动视频连线专访，畅谈尝试反馈教学法与"四学"课程的教学改革历程。该杂志社记者王梓霖以题为《缪建平：在数学的奥妙中，享受师者幸福》进行了专题报道。

25. 2023年5月25日，《中国教育报》发布《与时俱进推课改　教智融合育新人——江苏省苏州工业园区跨塘实验小学"尝试反馈法"探索》专题报道。

26. 2023年6月，邱学华主编的《尝试教学流派——尝试路上的开拓者》收录缪建平文章《跨越三十多年时空的师生情》，文章回顾了三十多年来他向师傅邱学华教授请教、探讨尝试教学法的点点滴滴。

27. 2023年6月，邱学华主编的《尝试教学流派——尝试路上的开拓者》的附录中，收录了两个词条，是关于缪建平的"两个第一"：第一个把反馈理论与尝试教学结合起来，形成尝试反馈教学模式；第一个到新疆伊犁州霍尔果斯市丝路小学推广尝试教学法。

28. 2024年4月，跨塘实小优秀教师宋颖超、王雅飞、沈一晗、孔祥为山东省聊城市东昌府区教育人才梯队培训项目的跟岗教师、跟岗校长展示尝试反馈教学公开课，得到跟岗教师、跟岗校长的一致好评。

29. 2024年4月24日，中国人民政治协商会议江苏省苏州市第十五届委员会常务委员会委员视察跨塘实小，该校尝试反馈教学改革成果得到市政协委员的高度肯定。

附录二　教学改革札记

一、新疆伊犁州霍尔果斯市丝路小学教学改革札记

1. 相信孩子，大胆放手（新疆伊犁州霍尔果斯市丝路小学尝试反馈教学改革札记之一）

2. 生活的边界就是教育的边界（新疆伊犁州霍尔果斯市丝路小学尝试反馈教学改革札记之二）

3. 要让学生理解学科知识的本质（新疆伊犁州霍尔果斯市丝路小学尝试反馈教学改革札记之三）

4. 扶放有度，学生进步会更大（新疆伊犁州霍尔果斯市丝路小学尝试反馈教学改革札记之四）

5. 如何引领学生"自学课本"（新疆伊犁州霍尔果斯市丝路小学尝试反馈教学改革札记之五）

6. 如何引导学生"课堂讨论"（新疆伊犁州霍尔果斯市丝路小学尝试反馈教学改革札记之六）

7. 课堂需要的是思想的自由，不是行为的自由（新疆伊犁州霍尔果斯市丝路小学尝试反馈教学改革札记之七）

二、跨塘实小教学改革札记

1. 一定要弄清三个"为什么"（跨塘实小尝试反馈教学改革札记之一）
2. 课堂教学转型，你的感受怎样（跨塘实小尝试反馈教学改革札记之二）
3. 答辩是一种磨砺（跨塘实小尝试反馈教学改革札记之三）
4. 用成长性思维去激发内在动机（跨塘实小尝试反馈教学改革札记之四）
5. 深入浅出，历久弥新，新学期邱教授的报告送给教师们两大"法宝"（跨塘实小尝试反馈教学改革札记之五）
6. 假如我用尝试反馈思想教语文（跨塘实小尝试反馈教学改革札记之六）
7. 假如我用尝试反馈思想教美术（跨塘实小尝试反馈教学改革札记之七）
8. 把孩子的"好奇心"放大（跨塘实小尝试反馈教学改革札记之八）

9. 我跟孩子们谈"什么是学习"（跨塘实小尝试反馈教学改革札记之九）

10. 那一天，数学教师上了一节作文课（跨塘实小尝试反馈教学改革札记之十）

11. 一年级孩子也能做"研究"（跨塘实小尝试反馈教学改革札记之十一）

12. 用尝试反馈思想教"因数与倍数"（跨塘实小尝试反馈教学改革札记之十二）

13. "请不要告诉我，让我先试一试"：以四年级数学"解决问题的策略"教学为例（跨塘实小尝试反馈教学改革札记之十三）

14. 儿童"综合"决定着整合教学——尝试反馈教学改革步履印记（跨塘实小尝试反馈教学改革札记之十四）

15. 搭台子、引路子、出点子、造梯子、改稿子（跨塘实小尝试反馈教学改革札记之十五）

16. 尝试反馈既是教学哲学，也是人生哲理（跨塘实小尝试反馈教学改革札记之十六）

17. 在小学数学教学中探寻科学精神的培育策略（跨塘实小尝试反馈教学改革札记之十七）

18. 跨塘实小的未来在哪里，在跨塘实小故事的讲述里！（跨塘实小尝试反馈教学改革札记之十八）

19. 与一年级孩子探究"连9个圈转3个弯"游戏题，真能看出其是否具有探究精神（跨塘实小尝试反馈教学改革札记之十九）

20. 数学老师教语文：跟五（9）班孩子们聊聊作文和语文（跨塘实小尝试反馈教学改革札记之二十）

21. 数学老师教语文：在五（9）班教孩子们写诗（跨塘实小尝试反馈教学改革札记之二十一）

22. 消除"教"的痕迹，增强"学"的力度，突出学科本质（跨塘实小尝试反馈教学改革札记之二十二）

23. 把"师本课程"说成"具身资源"，也算是一个创举吧！（跨塘实小尝试反馈教学改革札记之二十三）

24. 微论坛之"自主探究"的反思（跨塘实小尝试反馈教学改革札记之二十四）

25. 从尝试教学法走向尝试反馈教学法——学习邱学华教授《对当今小学数学课堂教学的评说》的感悟（跨塘实小尝试反馈教学改革札记之二十五）

26. "萌小说"天天写：五（9）班的教学改革故事（跨塘实小尝试反馈教学改革札记之二十六）

27. 2023年春季"师本课程"新培育（跨塘实小尝试反馈教学改革札记之二十七）

28. 尝试反馈教学法催生"文学青年"（一）（跨塘实小尝试反馈教学改革札记之二十八）

29. 尝试反馈教学法催生"文学青年"（二）（跨塘实小尝试反馈教学改革札记之二十九）

30. 微论坛：家校共育，让爱加倍（跨塘实小尝试反馈教学改革札记之三十）

31. 深度体验"爱在我家"在跨塘实小的团辅活动（跨塘实小尝试反馈教学改革札记之三十一）

32. 微论坛：在"四学"中聆听童真的声音（跨塘实小尝试反馈教学改革札记之三十二）

33. "100人讲100条"，我讲《给教师的建议》第1条：永远也不可能有"抽象的学生"（跨塘实小尝试反馈教学改革札记之三十三）

34. 《木樨》卷首语一：牵到孩子的"手"，才能牵到孩子的"心灵"（跨塘实小尝试反馈教学改革札记之三十四）

35. 《木樨》卷首语二：磨砺反省思维，提升核心素养（跨塘实小尝试反馈教学改革札记之三十五）

36. 《木樨》卷首语三：读学、玩学、探学、写学——"深度学习"的路径与样态（跨塘实小尝试反馈教学改革札记之三十六）

37. 《木樨》卷首语四：学科育人的力量——引领孩子走向未来（跨塘实小尝试反馈教学改革札记之三十七）

38. "3W"语文课上，师生做了什么，为什么能量满满？（跨塘实小尝试反馈教学改革札记之三十八）

39. 我和班主任合上了一节思政课（跨塘实小尝试反馈教学改革札记之三十九）

40. 为什么会出现"眼泪汪汪的孩子"和"无所适从的家长"——对"幼小衔接"的思索（跨塘实小尝试反馈教学改革札记之四十）

41. 教师节诗朗诵《写给有梦想孩子的诗篇——2035年，我们来了》（低年级组）（跨塘实小尝试反馈教学改革札记之四十一）

42. "老师，我觉得孔融让梨是装的！"——借由"童语"引发的教育

契机，培养孩子的"审辩式思维"能力（跨塘实小尝试反馈教学改革札记之四十二）

43.《千字文》武术操视频与党课《建国君民，教学为先——中国传统文化的教育魅力》（跨塘实小尝试反馈教学改革札记之四十三）

44. 问问孩子"什么是动脑筋"，以及告诉孩子"科学用脑"的知识（跨塘实小尝试反馈教学改革札记之四十四）

45. 用"尝试反馈七步走"施教"分数乘整数"，提升学生的自学能力（六年级）（跨塘实小尝试反馈教学改革札记之四十五）

46. 跟孩子们聊聊"班上换老师"的话题（跨塘实小尝试反馈教学改革札记之四十六）

47. "我有女朋友了！"——"童语"背后的心理分析与教育对策（跨塘实小尝试反馈教学改革札记之四十七）

48. 用尝试反馈教学法施教"长方形和正方形的认识"，体悟三年级孩子对书本较强的领会能力（跨塘实小尝试反馈教学改革札记之四十八）

49. 趣味探究：二年级加减算式谜（跨塘实小尝试反馈教学改革札记之四十九）

50. 尝试是学习的本质，反馈是精进的策略——邱学华教授在跨塘实小指导"尝试反馈：教学转型的校本应答"主题研修活动（跨塘实小尝试反馈教学改革札记之五十）

51.《尝试教学流派——尝试路上的开拓者》之《跨越三十多年时空的师生情》（跨塘实小尝试反馈教学改革札记之五十一）

52. 尝试反馈既是教学之法，也是管理策略（跨塘实小尝试反馈教学改革札记之五十二）

53. "表内乘法"的"表内"是什么意思？有没有"表外乘法"？（跨塘实小尝试反馈教学改革札记之五十三）

54. "4×4×4、5×5×5，你会算吗？"——培养孩子们的综合应用和数学推理能力（跨塘实小尝试反馈教学改革札记之五十四）

55. 为什么要学除法？除法是怎么来的？——"除法起始课"让孩子们了解质疑是课堂的重点（跨塘实小尝试反馈教学改革札记之五十五）

56. 浅谈劳动教育的潜在作用，多种论点汇聚（跨塘实小尝试反馈教学改革札记之五十六）

57. 顺应孩子的"好奇心"，我这样教！（跨塘实小尝试反馈教学改革札记之五十七）

58. 社群学习与情感学习——从"表内乘法与除法（二）"之练习十二课堂实录说开去（跨塘实小尝试反馈教学改革札记之五十八）

59. 用"尝试反馈七步走"教"认识直线射线和角"（跨塘实小尝试反馈教学改革札记之五十九）

60. 尝试反馈教学法之尝试与反馈新思考（跨塘实小尝试反馈教学改革札记之六十）

61. 尝试反馈教学法之"吾日四省吾身"正反案例与剖析（跨塘实小尝试反馈教学改革札记之六十一）

62. 尝试反馈教学法之"十六字"总体策略操作要领与顺口溜（跨塘实小尝试反馈教学改革札记之六十二）

63. "读玩探写"之读学教学顺口溜（跨塘实小尝试反馈教学改革札记之六十三）

64. "读玩探写"之玩学教学顺口溜（跨塘实小尝试反馈教学改革札记之六十四）

65. "读玩探写"之探学教学顺口溜（跨塘实小尝试反馈教学改革札记之六十五）

66. "读玩探写"之写学教学顺口溜（跨塘实小尝试反馈教学改革札记之六十六）

67. "尝试反馈七步走"第一步"预热训练"教学案例和顺口溜（跨塘实小尝试反馈教学改革札记之六十七）

68. "尝试反馈七步走"第二步"我先试试"教学案例和顺口溜（跨塘实小尝试反馈教学改革札记之六十八）

69. "尝试反馈七步走"第三步"自学课本"教学案例和顺口溜（跨塘实小尝试反馈教学改革札记之六十九）

70. "尝试反馈七步走"第四步"讨论辨析"教学案例和顺口溜（跨塘实小尝试反馈教学改革札记之七十）

71. "尝试反馈七步走"第五步"尝试拓展"教学案例和顺口溜（跨塘实小尝试反馈教学改革札记之七十一）

72. "尝试反馈七步走"第六步"当堂检测"教学案例和顺口溜（跨塘实小尝试反馈教学改革札记之七十二）

73. "尝试反馈七步走"第七步"课堂总结"教学案例和顺口溜（跨塘实小尝试反馈教学改革札记之七十三）

74. 如何避免陷入"猴子掰玉米"式的教学改革死循环——以两位工

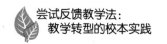

作坊学员的心得为例（跨塘实小尝试反馈教学改革札记之七十四）

75. 带着尝试反馈理念"形而上地教学"（一），以"钉子板上的多边形"为例（跨塘实小尝试反馈教学改革札记之七十五）

76. 带着尝试反馈理念"形而上地教学"（二），以"三位数乘两位数"为例（跨塘实小尝试反馈教学改革札记之七十六）

77. 尝试反馈教学法的提出与教学模型1.0版的构建（跨塘实小尝试反馈教学改革札记之七十七）

78. 尝试反馈教学法之教学模型2.0版的构建（续1.0版）（跨塘实小尝试反馈教学改革札记之七十八）

79. 逾景智行——深入思考尝试反馈教学法的妙谛（跨塘实小尝试反馈教学改革札记之七十九）

80. 尝试反馈教学法之教学格言2.0版的阐述与案例评析（跨塘实小尝试反馈教学改革札记之八十）

81. 我用尝试反馈教学法施教"万以内数的大小比较"（二年级下册）——教学实录与涓涓感悟（跨塘实小尝试反馈教学改革札记之八十一）

82. 尝试反馈融"四学"，转化策略自得到——对陈祥老师"解决问题的策略：转化"的教学评析（跨塘实小尝试反馈教学改革札记之八十二）

83. 应拣儿童多处行——学习特级教师蔡宏圣《课程标准如何真正落地生根》的体会（跨塘实小尝试反馈教学改革札记之八十三）

后 记

当我们深入探索尝试反馈教学法这一教学方法时,我们不禁为其蕴含的智慧与力量所震撼。尝试反馈教学法不仅是一种教学方法,也是一种教育哲学,还是一种对于教与学的深刻理解。

在传统的教育观念中,教师是知识的传递者,学生是知识的接受者。但尝试反馈教学法挑战了这一观念,它强调学生的主体性,鼓励他们主动尝试、积极探索,而教师则成为引导者和支持者。这样的转变并不是简单的位置互换,而是对于教育本质的重新认识。

尝试反馈教学法的核心在于尝试与反馈。尝试意味着给予学生足够的机会去实践、去探索,让他们在亲身体验中学习和成长。反馈则是这一过程中的关键环节,它不仅是教师给予学生的评价,也是引导他们反思、改进的重要依据。通过及时的、具体的反馈,学生能够更好地了解自己的学习状况,发现自己的不足,并找到改进的方向。

在这个过程中,教师的软技能发挥着至关重要的作用。软技能不仅仅是教学技能的一种,还是教师专业素养的重要组成部分。在尝试反馈教学法中,教师的软技能包括观察能力、沟通能力、反思能力和解决问题的能力等。这些技能在很大程度上决定了尝试反馈教学法实施的效果,也直接影响着学生的学习体验和成长。

感谢邱学华教授30多年来无私地给予我思想上的指引,特别是在我援疆期间,他亲自到新疆伊犁州霍尔果斯市丝路小学进行指导与讲学,促进尝试反馈教学法的落地生根;他对跨塘实小的数次指导,不仅培养了学校尝试反馈教学法的"种子"教师,还给予了尝试反馈教学法一种生长的温度。

一棵树、一束光、一团火,让我们彼此映照。

感谢新疆伊犁州霍尔果斯市教育局王建生局长、教研室领导和教师,以及新疆伊犁州霍尔果斯市丝路小学杜梅书记,在我援疆期间,对尝试反馈教学法教学改革的悉心指导、大力支持与真诚帮助。感谢苏州工业园区教育局沈坚局长、葛虹副局长,以及苏州工业园区教师发展中心的领导和

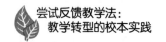

教师，对跨塘实小尝试反馈教学法的悉心指导、大力支持与真诚帮助。感谢全国知名专家、学者对尝试反馈教学法的关心与帮助。

教育何为？深耕一"事"，慧成一"道"。

感谢跨塘实小的全体伙伴。

是你们，秉持着一颗教育初心：初心之明，映照着尝试反馈教学法一路同行。

是你们，坚定着一种教育信念：信念之强，掀起了尝试反馈教学法教改洪流。

是你们，初心扎了根，知行有了果，才使得"至和党建"、梦想教育、"教师人人争做'大先生'，学生人人乐做'小先生'"育人目标、"十六字"总体策略、"吾日四省吾身"教学格言、"三卡一笔记"、易评价、"四学"（读学、玩学、探学、写学）、"校长有约"和"萌舞台"等配套教改举措得以在跨塘实小向上生长，纵深推进。

让梦想照进现实，用行动写下故事。

感谢本书编委会的全体教师，如切如磋，如琢如磨，条分缕析，精益求精，才使得书稿呈现出如今的模样。

写到这里，激情澎湃，想用一首诗来表达此刻的心情——

红色基因薪火传，党建引领扬帆起。

求真执着"大先生"，尝试反馈寻真理。

尝试学习"小先生"，萌娃舞台显魅力。

师生共筑中国梦，百年跨塘展新姿。

尝试是学习的本质，反馈是精进的策略。我衷心地希望这本书能成为教育工作者教改之路上的重要参考，能为他们在探索教学转型的道路上提供有益的启示与帮助。同时，我也期待更多的同行加入我们的行列，共同推动中国式现代化教育的进步与发展。

缪建平

2024 年 1 月

于跨塘实小豆园